Hilda Catz
y colaboradores

Psicoanálisis de
Niños y Adolescentes

Trabajando en cuarentena en tiempos de la Pandemia

Colaboradores:

Graciela Frigerio
Stella Acquarone
Carlos Tewel
Hebe Abrines
Catalina Martino
Alicia Szapu de Altman
Patricia Chavero
Federico Bianchi
Francisco Guerrini
Marta Lago
Margarita E. Szlak
Susana Rasinsky
Mirta Iwan
Viviana Kalmanoviecki
Sara Zusman de Arbiser
Patricia Morandini Roth

Mónica Toscano
Beatriz Markman Reubins
Solana Katz
Mariel Basabe
María Pía Isely
Mariela Cerioni
Ariana Levobic
Silvia de Egea
Valentín Torres
Cristina Buceta de Bodni
Beatriz Mónaco
Ignacio Sanvittori
Laura Jaite

Ricardo Vergara
Ediciones

Catz, Hilda
 Psicoanálisis de niños y adolescentes
trabajando en cuarentena en tiempos de la
pandemia / Hilda Catz. - 1a ed . - Ciudad
Autónoma de Buenos Aires : RV Ediciones,
2020.
 302p. ; 22 x 15 cm.

 1. Clínica Psicoanalítica. 2. Niñez. 3. Adolescencia. I. Título.
 CDD 155.93

Coordinación de Producción y Edición: Ricardo Vergara
Te: (549) 116-231-2760
email: edicionesvergara@gmail.com
Facebook: Ricardo Vergara
Instagram: @vergara_ric
Colegiales, Ciudad de Buenos Aires
Reoública Argentina

Imagen de tapa:
Pensando el futuro
Pintura digital by Hilda Catz
E-mail: hildacleliacatz@gmail.com

Lectura de originales: Nati Calderone

Ilustraciones en separadores: Laura T. Jaite
E-mail: lauratemisjaite@yahoo.com.ar

Queda hecho el depósito que marca la ley 11.723

Impreso en Argentina - Printed in Argentina
Imprenta Dorrego, Av. Dorrego 1102 (CABA)
Mayo 2020

Indice

Prólogo

Marcelo Viñar

*"El hecho de que los seres
humanos sean crías
destinadas a humanizarse
en la cultura marca
un punto insoslayable
de su constitución:
la presencia del semejante
es inherente a su
organización misma"*
Silvia Bleichmar
La subjetividad en riesgo

Hilda Catz ha escogido para el libro la autoría múltiple, y es una opción que celebro especialmente por la implicancia que tiene en estos momentos. Pero esto no es casual, ya que mientras Meltzer desde la ortodoxia Kleiniana hablaba de dos mundos (interno y exterior) desconectados o autónomos, los pioneros de la Escuela Argentina (Racker, Pichon, Aberastury, Bleger, Baranger, Rodrigue), en cambio, promovían puentes entre ambas nociones como la de Simbiosis y la Ambigüedad esencial del campo analítico y su entorno. Antecesores que están presentes también a lo largo de todo este libro, sosteniendo formas de abordaje creativas: el análisis de grupos terapeuticos, del grupo familiar, del binomio madre/padre hijo y los grupos operativos que apostaban a la fertilidad de los vínculos que tanto significaron para el psicoanálisis latinoamericano.

Sabemos que la grupalidad aporta una pluralidad de miradas que enriquece la percepción de los hechos en toda su complejidad, a su vez inabarcable y refleja. Se trata de una comunidad local de lealtades y pertenencias, que se genera en la adolescencia y que nos marca para toda la vida, con amores y rencores, porque ocupan las valencias afectivas dejadas libres en la salida del mundo endogámico familiar de la infancia. Grupos que, como el que trabaja en este libro, construyen un espacio intermedio entre lo público y lo íntimo para enfrentar lo que acontece con multiplicidad de miradas, logrando lo que Hilda denomina ese pasaje de la intimidación que produce la Pandemia a la posibilidad de creación de espacios de intimidad.

Hay un tiempo astronómico donde la cronología es lineal y fluye al ritmo de los astros, donde la actualidad sustituye al pasado. Hay otro tiempo vivencial subjetivado, caleidoscópico, marcado por los acontecimientos y significaciones. Es un tiempo transformacional, donde lo nuevo pueda acoger y modificar lo previo, complejizándolo y enriqueciéndolo al mismo tiempo.

Entiendo que la pandemia trae lo inesperado, que nos deja atónitos y perplejos. Se supone que esta experiencia es vecina de lo que en el proceso analítico sentimos cuando merodeamos lo que llamamos la Otra Escena. Y es justamente esta perspectiva la que debiera ayudarnos para manejar lo desconocido que nos aporta la pandemia.

Dudo que el psicoanálisis genere una clínica prospectiva y formule pronósticos valederos. Partimos de que lo inicial es la escena consciente de entender el mundo, los vínculos, a los otros y asimismo desplegarlo en una narrativa discernible, mezcla de ficciones, de verdades y creencias, transitorias o definitivas: se trata de un trabajo tan complejo que una buena parte, como sabemos, está destinada al fracaso.

A la peripecia de entrar en si-mismo *(insichgehen)*, donde en esta exploración interior la diversidad humana es enorme, algunos le dedicamos la vida y lo transformamos en oficio y vocación, junto con los poetas, novelistas e historiadores de la sensibilidad. Desarrollar este tema nos remite a otras complejidades, ya que las experiencias intensas (traumáticas) cambian la dirección entre uno y otro extremo, siempre teniendo en cuenta que la clínica psicoanalítica es un trabajo de re-significación a posteriori.

Múltiples autores afirman que el mundo será otro después de la pandemia, ese mundo dará lugar a producción de nuevas subjetividades, que los jóvenes se empeñarán en comprender y nosotros en acompañar.

Aunque en concordancia con la sensibilidad de su época el fundador del psicoanálisis caracterizó al psiquismo con la expresión aparato psíquico, término que sugiere una permanencia y una consistencia sólida, pienso que hoy, en tiempos de modernidad liquida o vértigo civilizatorio como el que atravesamos, la metáfora que designe la experiencia psíquica debiera sugerir el movimiento, lo efímero y el cambio abrupto. Así, con el fin de posicionarnos ante el flujo constante y cambiante de la experiencia interior, la metáfora que propongo es la del viento, el aliento que va desde la calma al huracán, con sus intermedios de brisas y ventarrones: todas estas alternativas poseen un rasgo previsible y otras conducen por derroteros inesperados.

Si bien esto vale para todos los períodos en que hemos convenido en dividir la vida humana, es más intenso en el tiempo del *infans* y en el tránsito adolescente, que constituyen fusibles sensibles a los cambios societarios, en la medida en que la velocidad de esos cambios no solo no solo está dada por lo madurativo y por tanto esperable, sino también por lo abruptamente inesperado, como está sucediendo con la Pandemia.

Quizás me reitere al invocar a Stephen Gould cuando señala que la **"variación", más que "la cualidad estable", es lo que caracteriza a la naturaleza y al pensamiento humano**. Hemos trocado el rumbo desde el paradigma iluminista de apuntar a una causa princeps y a un determinismo lineal para desembarcar en los paradigmas complejos, multicausales, con zonas de incertidumbre y el real inaccesible que toma lugar en el ombligo del sueño.

No es lo mismo pensar o interpretar la humanidad de un sujeto centrándolo exclusivamente en el fuero interior de sus pulsiones e identificaciones que pensarlo inmerso en sus vínculos y acontecimientos. Así también de lo presenta en este libro, que nos habla de trabajar en cuarentena en épocas de la Pandemia como un puente entre los acontecimientos internos y externos que lo determinan, ya que los seres humanos se parecen más a su tiempo que a sus padres, como postulaba Mark Bloch.

Incluir lo social en su interacción con el conflicto psíquico se ha vuelto un desafío ineludible para el psicoanálisis del Siglo XXI. El mundo de hoy es demasiado cambiante, complejo y caótico como para proponer encuadres rígidos y teorías definitivas. En la lectura del libro que aquí prologo palpita la libertad de sus autores para escoger los parámetros y alcances de su tarea y cuentan para ello con la rica tradición de la APA, pionera del psicoanálisis latinoamericano, para reinventarse en este mundo inédito e insólito con la especificidad que requiere el campo de la niñez y la adolescencia.

Pesadilla del año 2020

Hilda Catz

Me desperté agitada. Tuve un sueño. Me habían robado una antigua artesanía llamada: "El árbol de la vida".

Horrorizada me levanté a buscar ese objeto por toda la casa. Lo encontré donde estaba siempre, acaricié despacio una por una esas figuras abrazadas de hombres, mujeres, niños y ancianos talladas en ébano.

A lo lejos el ulular desgarrador de la sirena de una ambulancia atravesaba implacable el silencio inexorable de la noche.

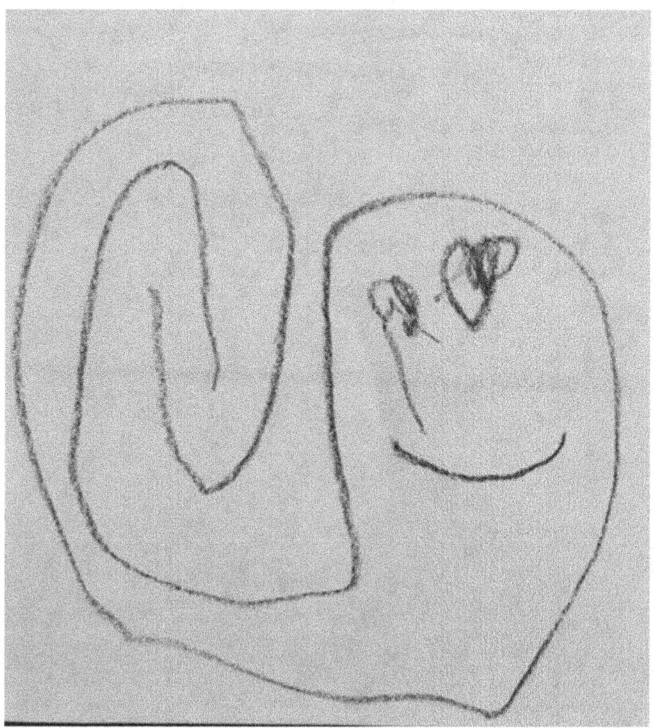

En un país europeo en cuarentena, un niñito de 3 años realizó este dibujo diciéndole a su mamá que era un caracol. De entrada me impresionó la riqueza expresiva del niño respecto de la situación de cuarentena simbolizada por el caracol que por una parte sonreía y por otra parecía que dejaba caer una lágrima.

Yo sabía que en tiempos normales el niño concurría a un jardín durante el día mientras sus padres trabajaban. La vida se había modificado cuando éstos pasaron a trabajar bajo la modalidad de home office permaneciendo entonces toda la familia en casa. A partir de lo antedicho pensé que la sonrisa del caracol expresaba la alegría del niño por quedarse en el hogar con su familia. Al mismo tiempo la lagrimita podía estar relacionada tanto con la situación de excepción como con el encierro

Así fue como le envié el dibujo a Hilda quién subrayó la capacidad del niño para sintetizar la vida en una imagen.

Cristina Buceta de Bodni

Introducción
Psicoanálisis de Niños y Adolescentes trabajando en cuarentena en tiempos de la Pandemia

Hilda Catz

Introducción

> *El hombre todavía es incapaz de controlar su propia naturaleza, cuya locura lo lleva a dominar la naturaleza, perdiendo el dominio de sí mismo. Puede aniquilar los virus, pero se encuentra desarmado ante los nuevos virus que lo desprecian, se transforman, se renuevan. Aun en lo concerniente a las bacterias y los virus, debe y deberá negociar con la vida y la naturaleza.*
> Edgard Morin, Tierra patria, 1993

Estamos atravesando lo que podría denominarse un estado de duelo "global" que tiñe de dolor, tristeza e incertidumbre todos los estratos sociales, geográficos y políticos. Los acontecimientos amenazan con arrasar todo a su paso pero al mismo tiempo la esperanza nos sostiene para resistir y sobreponernos al impacto de los sucesos donde siempre aparece la potencia del ser humano y del psicoanálisis, en este caso, en su búsqueda incansable al servicio de preservar la vida. Como decía Freud (1890) ... *"la expectativa esperanzada y confiada es una fuerza eficaz de la que en rigor no podemos dejar de prescindir en todos nuestros ensayos de tratamiento y curación...".*

En el abordaje de las patologías actuales de la niñez y la adolescencia en tiempos de la Pandemia que asola a toda la humanidad y sus inusitadas derivaciones en la naturaleza, propongo adoptar un enfoque teórico-clínico innovador respecto de la técnica tal como puede usarse en la actualidad. Mediante las sesiones on-line, manejando la tecnología como una herramienta privilegiada, me interesa destacar la potencia clínica del psicoanálisis, en este caso de niños y adolescentes, y su alcance insospechado ante esta especie de "Tsunami" viral que amenaza con arrasar todo a su paso.

Así, planteo la posibilidad de que, pese a la crisis civilizatoria universal que estamos viviendo, se abra una zona intermedia para poder pensar esta intersección entre la realidad y la fantasía que plantean las tecnologías y la realidad virtual, espacio potencial posible, donde convergen lo real y lo virtual.

Ello tomando en cuenta que vivimos en una cultura cibernética, rodeados de depósitos ilimitados de información, que puede ser digitalizada y aprovechada por los individuos equipados con mecanismos cibernéticos, como dicen algunos investigadores del ciberespacio[1], y que los niños y los jóvenes necesitan prepararse para eso. Consideran que seguiremos utilizando los nuevos medios de comunicación que llegan con el "ciberespacio" para promover transformación, tal como hemos usado todos los medios anteriores, incluso más allá de nuestras mentes. Así impulsaremos nuestra evolución cultural a territorios nuevos, ya que, sostienen, ataviarse con ropaje de com-

---

[1] Ciberespacio: palabra acuñada por el novelista W. Gibson en su libro "Neuromancer", 1984.

putadora será tan insignificante en la historia humana, como lo fue vestirse en el paleolítico.

La propuesta podría ser dejar preconcepciones y prejuicios del pasado que empañan la mirada hacia el porvenir, sin desconocer su profunda gravedad e imprevisibles consecuencias. Tratar de ir preparando continentes como modelos descartables, que hagan las veces de instrumentos conjeturales para poder atravesar esta situación catastrófica. Tolerar la incertidumbre, la falta de certezas, la inevitable frustración, la fragilidad inherente a lo humano, y la duda como formas de preservar la salud mental.

Pienso que en tanto agentes de salud mental deberíamos evitar el contagio del pánico, lo que no quiere decir desconocer el miedo que todos compartimos ante un enemigo invisible. Así, para contener a los niños es necesario que los adultos regulen sus propias emociones, que tengan capacidad creativa, espacio para jugar, aunque sabemos que no todos lo logran, y mucho menos en circunstancias tan críticas. Es muy importante validar los sentimientos de las personas que reaccionan normalmente ante situaciones anormales y poder transmitirles a los padres que los vamos a necesitar más que nunca en este tipo de abordaje.

Partiendo de aceptar una realidad distópica que nos atañe a todos, y que se siente imposible de elaborar, la idea es trabajar en conjunto creando espacios para lo posible, donde lo mejor siempre va a ser enemigo de lo bueno y aceptar con humildad que todas son conjeturas con las que intentamos no dejarnos invadir psíquicamente por el virus y sus impredecibles consecuencias a corto y a largo alcance.

Los niños lógicamente estarán más irritables, molestos, tristes, es decir, responderán como niños normales, tendrán síntomas y es necesario entender que también como adultos estamos involucrados en una catarata de incertidumbres por todo lo que sucede.

Por lo tanto se sugiere no sentirse compelido a convertir la sesión en un "circo" porque no sería fácil y ni positivo vivir fuera de la realidad circundante ni transmitirles que como adultos no somos capaces de aceptar las limitaciones de la misma. A medida que crecen, los niños van adquiriendo mayor conciencia del mundo circundante y a pesar de estar protegidos por el continente familiar, en el mejor de los escenarios, no resulta conveniente promover que vivan en una burbuja irreal, pues ello no fomenta su crecimiento emocional ni mental.

Sabemos que poder decir que no es estructurante del psiquismo y habilita así la posibilidad de los límites, es decir que los mismos analistas acepten la incertidumbre, la frustración y la duda donde la vulnerabilidad de todos se pone en juego. Del mismo modo, es conveniente transmitir a los padres la necesidad de límites y de contacto con una realidad circundante según las posibilidades del niño para ir elaborándolo.

Como en un barco en la tormenta, como analistas tenemos que sostener el "timón" y transmitir la importancia de mirar el horizonte como un punto de invariancia que sostiene nuestra tarea en medio de tanta turbulencia y subversión de valores que estaban establecidos y a los que estábamos acostumbrados. Esa invariancia en este caso sería la mirada psicoanalítica y la capacidad de tolerar el misterio y la falta de certezas, como señalaba Bion cuando hablaba de la "capacidad negativa", con la paciencia necesaria para tener la posibilidad de llegar a buen puerto, ya que el horizonte es de incertidumbre y extrañeza.

En épocas donde se pone en juego la supervivencia lo que van a predominar son conductas de apego pero también la búsqueda de protección física y psíquica.

En ese sentido es para tener en cuenta que a los adultos a cargo de los hogares monoparentales se les exige un mayor esfuerzo porque los niños necesitan sentirse protegidos y es mucha responsabilidad para uno solo. Aunque no lo digan, se puede ver que están más cansados, intolerantes y exigentes, porque los desborda la demanda excesiva y acuciante de los hijos, sobre todo si son muy pequeños. Resulta absolutamente aceptable que eso suceda y si sienten que como analistas entendemos su sobrecarga, aunque algunas veces no se transmita en palabras, la disposición a comprenderlos y no recargarlos con supuestos "ideales" de paternidad actúa como un bálsamo inesperado ante posturas de "falso self". Se trata de posicionamientos que suelen erigirse como modelos a seguir y que en estos casos que no hacen más que agravar los síntomas que incentivan una "supuesta normalidad", negando y desmintiendo lo obvio de los sucesos que nos rodean y en los que estamos involucrados.

La presencia del tercero puede manifestarse de múltiples formas en épocas de bonanza, pero en situaciones de crisis puede ser más difícil, según la edad de los niños, la ausencia de uno de los miembros de la pareja, en especial si se trata de aquél que encarna la función paterna o función tercera, que representa generalmente la protección física ante los peligros del mundo externo desde una perspectiva diferente para enfrentarlos.

Lo destaco porque hay muchos ejemplos clínicos que reflejan el impacto de la falta de la función paterna y las particulares características de protección que ésta supone; cómo se acrecienta el temor y el sentimiento de desamparo y de orfandad ante las fuerzas incontrolables del mundo externo.

Además la ausencia de la presencia contenedora y afectiva de los abuelos, en el caso de que los hubiere, también acrecienta el sentimiento de desprotección frente a un peligro desconocido. La interrupción de la transmisión del legado por las diferentes rupturas, tanto de la historia familiar, cultural, histórica y/o social, destruye la trama de los orígenes que sostiene la inscripción del sujeto en una historia personal para poder apropiársela, para poder ser heredero de un nombre y de una cultura. Somos deudores, "deudos" del patrimonio de quienes nos han precedido. Patrimonio constantemente modificado de acuerdo con los sucesos de nuestra vida, de nuestros exilios, de nuestros duelos y de nuestros deseos, subyace siempre la preocupación y la necesidad de legar a sus descendientes aquello que se ha recibido, ya sean pesares o alegrías, pérdidas, duelos, pero también sueños y esperanzas.

Como dice Marta Lago en su trabajo sobre la abuelidad que *"juega con algunos demonios que se necesitan conjurar, y mediante cuentos a sus nietos les dan derecho de admisión frente a una abrumadora actualidad que parece que fuera a borrar nuestra subjetividad".*

En lo que hace a la educación los docentes se sienten como dice Mirta Iwan *"tolerando muchos grados de tensión, que se expresan actualmente en términos de insatisfacción, ansiedad y malestar. Miedo a convertirse en meros transmisores de consignas escritas y a ser reemplazados por máquinas. En la actual coyuntura, a nivel mundial, producida por el COVID-19, el docente no sólo sufre una pérdida de su rol como profesional de la educación, sino que es sometido a la presión y a la exigencia por dominar rápidamente una práctica tecnológica. Es decir, es obligado por las circunstancias a contar con las habilidades para crear un aula virtual sin el nivel de conocimiento necesario para ello. Sin el "saber hacer". Esta situación lo lleva a perder confianza en sí mismo, a sentirse más perturbado y vulnerado, sumado a que la realidad del aislamiento acrecienta sus emociones de desvalimiento. Por otro lado, esta perplejidad, que se genera ante un cambio tan drástico e inaudito, constituye una causa de angustia y sufrimiento que toma la forma del miedo a ser incompetente, a no poder estar a la altura, a ser incapaz de enfrentar situaciones inesperadas donde justamente esté involucrada la responsabilidad. Cuando la relación con la tarea está contaminada por el miedo, como sucede en el caso de la amenaza del Coronavirus, se percibe una vivencia subjetiva que trae sufrimiento psíquico"*

También plantearnos como trabajar-online- con niños diagnosticados con trastornos del desarrollo como propone la Lic. Mariel Basabe donde es fundamental el trabajo virtual con los padres con el objetivo de apuntalarlos en sus funciones, que puedan tener una mayor comprensión de lo que le sucede a su hijo y cómo acompañarlo, para evitar situaciones de violencia, y de indefensión que pueden llegar a generarse a partir del aislamiento social.

Por todo lo expuesto que además se desarrollara más ampliamente en el libro considero que debemos tener en cuenta estas situaciones y no desestimar cuánto puede aportar el analista con su presencia, aunque sea virtual, para comunicar tranquilidad y esperanza en el medio del "terremoto global" en el que estamos tratando de sobrevivir. En todas las edades nos encontramos con la necesidad de apego y la búsqueda de protección, conformando una triada que arma un continente que como analistas tenemos que tener presente y a la cual podemos contribuir con una perspectiva más que nunca abierta y creativa, aún más en medio de la tormenta.

Así, la propuesta de este libro sería generar espacios de transición, de juego, que actúen como continentes circunstanciales para contenidos que desbordan el aparato para pensarlos. Modelos conjeturales y descartables para transformar estas nuevas formas de vincularse en una trama que genere presencia psíquica frente a la ausencia física mediante los recursos que ofrecen las técnicas digitales y con un posicionamiento flexible en lo que hace a los tiempos de duración de las sesiones por ejemplo, ya que según la edad estos van a variar y mucho. **Es decir, se aspira a que prevalezca la mirada psicoanalítica del terapeuta y su encuadre interno por sobre requerimientos que de por sí van a encontrarse en permanente cambio.**

Capítulo 1
Protocolo de abordaje como modelo conjetural y descartable

Hilda Catz

Propongo presentar ahora un protocolo de abordaje teniendo en cuenta las edades de los niños y jóvenes por quienes se consulta y solo a manera de guía circunstancial de la que cada psicoanalista podrá disponer o no, pero como un modelo posible para invitar a que cada uno haga la suya propia:

Las consultas de 0 a 3 años
Se propone una consigna así:
Vamos a encontrarnos por un lapso de 45 minutos aproximadamente y me gustaría si es posible que estén con el bebe/ niño presente.

Se trabaja predominantemente con los padres, la pareja, y se sugiere la presencia del bebe dado que resulta indispensable poder evaluar lo que moviliza a los padres del bebe y/o niño, y cómo responden ellos a los requerimientos del hijo. La pantalla puede ser una excelente oportunidad de reunir a todos, sin los inconvenientes de los traslados. A la que podemos agregarle una característica de familiaridad que si se la puede utilizar de una forma afable puede contribuir de manera notable a la tarea propuesta. O sea, no es un impedimento, sino que es un aditamento que suma productividad al encuentro terapéutico.

En general, luego de los primeros momentos de la sesión donde es necesario hacerles un lugar a los acontecimientos que preocupan a todos, los padres responden con alivio a esa posibilidad de intercambio.

Las consultas en esta etapa suelen ser de urgencia porque se refieren generalmente a la imposibilidad de comer y/o de dormir, que perturban seriamente la evolución del pequeño perturbando seriamente al grupo familiar.

Freud mismo vio una paciente puérpera que no podía amamantar en su casa, convocado por su marido. La atendió a ella y después a la pareja, e incluso hizo un seguimiento: son momentos en que la necesidad de apego y protección se manifiesta también en los adultos.

Esta clase de encuadre implica un acceso a otro tipo de intimidad que conviene tener presente y manejar con la prudencia necesaria, algunos la aceptan de buen grado y a otros puede costarle un poco más. No hay que olvidarnos de que también está en juego la intimidad del analista, si está atendiendo desde su casa y los distintos escenarios donde se despliegue la sesión ya que depende de otros factores como la conexión a internet, su velocidad, etc., factores que no siempre son manejables.

En este margen de edad se verá la manera en que los adultos toleran la lactancia, la simbiosis normal, los primeros intentos de separación, si estimulan al juego, si hay un proyecto de familia para "afiliar" al hijo, darle sentido de pertenencia.

Por el contrario, si no puede lograrse lo que se llama esa donación de sentido a causa de la preexistencia, por ejemplo, de mandatos transgeneracionales que perturban severamente los vínculos, se podrá observar la repetición de patrones aprendidos que promueven conductas que patologizan la relación con consecuencias muy graves a una edad tan temprana.

La intervención psicoanalítica temprana, cualquiera sea la forma en que se realice, tiene un valor preventivo que se puede ver con mucha claridad en los casos de patologías en las interacciones tempranas, que de lo contrario llevan a la medicalización y a la patologización de la infancia con derroteros desconocidos, condenando en algunos casos a diagnósticos que actúan a la manera de encasillamiento deteniendo el crecimiento físico y mental del niño.

Ejemplo clínico de Hilda Catz:

Consultan por un bebe de tres meses que no se alimenta, la madre presentaba el antecedente de anorexia previa y no podía amamantar a su bebe. En la primera consulta mediante contacto virtual, están la madre y el bebe en el dormitorio de los padres. El padre está trabajando en otro ambiente de la casa.

Pese al calor el bebe está vestido con un enterito que es como para ir a la nieve, no se puede mover y se desliza por el regazo de la madre peligrosamente ante la impasibilidad materna. Podría considerarse como la puesta en escena de una interacción madre-bebé fallida donde el bebé está vestido como para ir a esquiar y se le resbala de los brazos. Simbolizarían a una madre de cuyos brazos se resbala, se desliza sin poder ser albergado y contenido. La posibilidad de vivenciar esta experiencia y poder ponerle palabras al "terror sin nombre" no solo del bebe sino de la madre mediante la presencia virtual del analista a través de la pantalla habilitó que emergieran los temores de la madre a no poder volver a su país de origen donde efectivamente hace mucho frío y ella solía esquiar.

La angustia y el miedo de no encontrarse nunca más con su familia de origen, de que sus padres y abuelos se mueran sin poder despedirlos, eran terrores que la mujer no podía verbalizar y que interferían en el establecimiento del vínculo temprano con su bebe.

La soledad que la distancia afectiva había instalado en el mundo interno de esta mujer y que transmutaba en la imposibilidad de acercarse a su hijo y abrigarlo con su amor pudo ser acompañada con las palabras y la mirada del terapeuta que en el caso de este tipo de comunicación es como una especie de espejo donde reflejarse en la mirada de la madre como dice Winnicott. Se sumó positivamente el hecho de que estaban en un ámbito familiar compartido y que hacía las veces de esas presencias familiares que la mujer tanto añoraba pero que le costaba verbalizar y no le permitían "tragar" simbólicamente la comida que se le ofrecía y tampoco darla a su hijo. Este acompañamiento permitió ir atravesando fronteras, paradójicamente hablando, de su mundo interno e ir tratando de instaurar una "reverie" pasible de transformaciones en experiencias emocionales compartidas. La mirada virtual a través de una pantalla sostenía el vínculo de la mujer con su analista que, a su vez, le habilitaba a establecerlo con su hijo y luego con su pareja con la que compartían dolores similares, enmudecidos por la migración y las dificultades de comunicación entre ellos.

Ejemplo 2 de Hilda Catz:

Pablo, un niño de 2 años, por quien consultan por detención en la adquisición del lenguaje y ataques de furia incontenibles. En la primera consulta virtual, están la madre y el niño en el espacio donde el pequeño tiene sus juguetes.

Pablo solía ponerse frente a un espejo pequeño que estaba colgado y buscaba su boca y a la madre a través del espejo. Se sacaba el chupete y se lo quería poner al espejo, miraba por todos lados e incluso detrás del espejo. Fugazmente miraba la pantalla sin mucho interés; la madre lo rechazaba y no participaba en este juego de reflejarse juntos en el espejo: congelaba así su pedido de ser contenido, a lo cual Pablo respondía con una mirada ausente y desconectada.

Al poder habitar la escena virtualmente se pudo ir poniendo palabras al temor inconfesado a conectarse de una madre que no podía ejercer su maternidad debido a profundas carencias que la habían marcado desde muy pequeña. El contacto virtual con la terapeuta, con todas las dificultades que puede implicar, le permitió ir acercándose a su hijo con menos rechazo por sentirse a su vez albergada en la mente de su terapeuta y sostenida por su mirada, la misma mirada que ella le rehusaba a su hijo. En las siguientes sesiones se pudo trabajar con la presencia del padre que comenzó restaurando la conexión de la computadora y terminó restaurando simbólicamente la conexión de la díada madre bebe con su participación.

Ejemplo por la Lic. Prof. Patricia Morandini Roth

Miriam Lloró en la entrevista por Skype pues para su sorpresa, fue por cesárea el nacimiento de su bebe Matías, porque estuvo infectada por Covid 19 el último mes de su embarazo y que tuvo mucho miedo. La separaron de su hijo el primer día, para hacerle exámenes por un lapso de 11 horas ya que le comunicaron que existen hipótesis sobre el contagio por vía vaginal, y de esta manera se garantiza que se limiten los contactos con los fluidos de la madre. pasaron muchas horas hasta que le trajeron su bebe, por los controles que le estaban haciendo. Ese mismo día, a la noche lo observó "demasiado tranquilo en comparación a su hermano cuando nació".

Le entregaron a su bebe, con las medidas de protección EPI del hospital ya que ella estaba en cuarentena por lo que tuvo que alimentar a Matías con biberón por recomendación de la médica de neonatología extrayendo la leche materna, alternando con leche de lactantes de fórmula. De esta forma, el padre del bebé se comprometió con la lactancia de su hijo desde que nació.

En la segunda entrevista con la analista aparecen por Skype, la madre, Matías durmiendo en los brazos del padre. El bebé duerme plácidamente, esto provoca incomodidad a los padres: "Mira, todo el día duerme, todavía nos preguntamos que paso en el nido (Nurse) ese día". Expresan así la angustia ante lo desconocido una pareja de padres que no son primerizos, aunque puede decirse que lo son pues están inmersos en un acontecimiento inesperado y absolutamente imprevisible en sus consecuencias.

Desde mi punto de vista, el interrogante que me permito compartir es acerca de las consecuencias futuras para el desarrollo emocional del bebe y del vínculo madre-bebe que producen este tipo situaciones que tienen que ver con el cuidado de la vida física pero no pudiendo hacerlo al mismo tiempo con la vida psíquica, como si ambas fuesen incompatibles. Como también sucede con los efectos del confinamiento en cuadros psicopatológicos severos que llevan a en algunos casos a exacerbar el incremento de adicciones, femicidios, y abusos sexuales.

Por todo lo expuesto considero que la terapia on-line es una herramienta privilegiada, como un pasaje de la intimidación que produce la Pandemia por la fuerza incontrolable de sus consecuencias a la intimidad de crear espacios de cuidado y resguardo de la subjetividad amenazada

Sabemos que no existe el bebe solo para Winnicott; se trata del bebe, su mamá y su entorno y lo mismo podemos decir del paciente; es el paciente y su analista y es en ese "entre" tan singular, que se establece mediados por la pantalla, donde tenemos que trabajar. Tratamos de rearmar los vínculos para instaurar los procesos de subjetivación que implican la presencia del tercero en la díada, "procesos terciarios", como dice Green, que en estas épocas de pandemia están tan amenazados y en peligro de extinción inminente por el aislamiento físico. Por ello es fundamental sostenerlos.

Se puede observar que en los casos presentados, los circuitos interactivos a través de la mirada se hallaban interferidos por mandatos transgeneracionales y vivencias de profunda carga traumatizante. La posibilidad de trabajar con una mirada psicoanalítica estas conflictivas permitió que a través de la pantalla, como a través del espejo de *Alicia en el País de las maravillas*, se pudiera acceder a mundos desconocidos que embargaban de llanto y dolor el mundo interno parental con consecuencias severas para el psiquismo de los bebes, de sus madres y del grupo familiar en el delicado e impostergable equilibrio inicial. Esto coincide además con el mundo externo impredecible en sus niveles de desamparo y desolación, que pueden propiciar una escalada de violencia y desconexión en todos los estamentos sociales, políticos y económicos.

Las consultas de niños de entre 3 a 6años
La consigna podría ser:

Vamos a encontrarnos por un lapso de 45 minutos aproximadamente y me gustaría si es posible que estén en principio con el niño.

A partir de los 3 a 6 años se propone a los padres y/o adultos a cargo que en lo posible preparen al niño un espacio con sus juguetes favoritos, papeles y lápices de colores y todo lo que consideren que puede serles útil a los fines de la sesión, dentro de lo posible que tengan hilo de atar, tijera de punta roma y que no haya sacapuntas ni regla ni ningún elemento que todavía no sepan manejar y que puede llevarlos a querer ejercer su práctica en ese momento, aunque pueden tenerlos guardados por si aparece la demanda.

Al niño, en tanto, le diremos:

Vamos a ver qué podemos hacer hoy

En esta etapa, para trabajar de manera virtual, se va a necesitar la asistencia de los adultos, hecho que puede ser muy bien "aprovechado" a los fines de observar los vínculos y sus posibles patologías. Esta forma de trabajo permite incluir la relación entre padres e hijos y tenemos que privilegiar la fuerza preventiva del psicoanálisis cuando nos encontramos con los binomios y los grupos familiares que espontáneamente se forman en estos nuevos abordajes.

No hay que preocuparse tanto por el juego en sí, sino por el fluir del mismo en interacción con quien está al lado del niño. En esos casos la propuesta se dirige a la madre y el niño o el padre y el niño, o los abuelos o quienes estén a cargo tratando de estimular y acompañar el juego que surja proponiendo que vamos a hacer lo que se pueda con lo que tienen a disposición. Es una edad en que los chicos en general se muestran encantados de mostrar sus juguetes, dónde duermen, el lugar en que viven, y, en particular, de jugar con uno de sus padres y/o ambos por sobre todas las cosas con la ayuda facilitadora del terapeuta. Sin embargo, siempre debemos tener en cuenta que es muy probable que los niños en esta franja etaria no puedan permanecer demasiado tiempo concentrados en la pantalla, porque además se les hace muy difícil sostener la atención, por eso, entonces, el trabajo con el grupo familiar es predominante.

Ejemplo de Alicia Szapu de Altman:

Este caso no corresponde con la pandemia sino con una familia que vive en el exterior. Consultan por una niña de 5 años que tiene "dolores de panza y dificultades para conciliar el sueño". Antes de la Pandemia la terapeuta inicio este tipo de abordaje creando un encuadre donde el intercambio y la comunicación lúdica fuesen operativos. Sostuvo algunas constantes que consideró imprescindible sostener, como el encuadre, entrevistas con los padres, horas de juego, devoluciones y comienzo de tratamiento.

Al convenir el encuadre con los padres se les solicitó que Ana tenga a su disposición juguetes y material gráfico, que estos sean equivalentes a los que se utilizan para cualquier hora de juego diagnóstica y/o terapéutica que por su parte la terapeuta también preparó. La terapeuta aclara que se trata de un encuentro singular que se inscribe en una conjunción de historias singulares, habrá que evaluar en cada caso la posibilidad de este tipo de proceso terapéutico con niños ya que la post-modernidad se abre a la construcción de rutas impensadas aunque no fue la Pandemia su disparador pero que en este momento lo que empezó como una tentativa posible adquirió una particular relevancia.

Ejemplo de Silvia de Egea:

"Consultan por los celos de un niño de 3 años ante el nacimiento de su hermanito. El trabajo con el binomio madre-bebe, propicia un espacio donde el niño puede tener un lugar que lo alivia de sus intensas ansiedades, pero sobre todo el binomio con el padre permitió que los llantos aparentemente inmotivados y los accesos de rabia disminuyeran. Se pudo remarcar, pantalla mediante, la importancia de que esa pérdida del vínculo exclusivo con la madre y el exacerbamiento de la simbiosis con la madre, pudiese encontrar el camino del encuentro con el padre y el "premio" que significaba para el pequeño ese lugar de privilegio y la evolución psíquica que contenía esa presencia y la particular intimidad que el espacio virtual habilitó para trabajar."

En lo que hace a la interpretación, se sugiere que se dirija al vínculo, tratando de fomentarlo en sus aspectos más fructíferos y creativos, intentando destrabar bloqueos en la consecución del mismo mediante la comprensión de las conductas del niño: por ejemplo, el acercamiento a los temores que puede sentir y la necesidad de explicarle la situación que se vive de acuerdo a su edad. En este caso con palabras sencillas y remarcando que los adultos se están haciendo cargo de cuidarlos al seguir los consejos impartidos y tomar todos los recaudos necesarios para su protección.

Resulta muy útil poder leerles un cuento o mostrarles, pantalla mediante, un cuento que en palabras sencillas puede relatar lo que sucede, como también ofrecerles la lectura de cuentos apropiados a su edad que puedan captar su atención y que seguramente pedirán que les lean una y otra vez, algo habitual a esa edad, generando espacios de confianza en el encuentro. La repetición de los cuentos les reasegura lo previsible de un final que ya conocen y que los tranquiliza: se trata de espacios de transición ante la incertidumbre de lo desconocido especialmente en estas circunstancias.

Si hay algo que demanda un dialogo esclarecedor con alguno de los padres, o ambos es mejor hacerlo en forma privada. Hay que tener muy en cuenta que para los padres, cualquiera sea su patología, es muy doloroso, lo demuestren o no, delegar la parentalidad en otros adultos. Por más indiferentes que se muestren, constituyen heridas narcisistas, por lo que hay que respetar especialmente su ascendencia sobre su descendencia y nuestra prescindencia también. Es decir, se trata de no colocarse en un lugar de omnipotencia y de "supuesto saber", que puede ser vivido como apropiación del hijo, patología bastante frecuente en algunos enfoques psicoterapéuticos y que en este entorno de desamparo y desprotección es necesario más que nunca evitar y, en cambio, empoderar a los padres en su rol.

De 6 a 9 años

A partir de esta edad se propone a los padres y/ o adultos a cargo que dentro de lo posible les preparen un lugar con sus juguetes favoritos, papeles y lápices de colores y todo lo que consideren que puede serles útil a los fines de la sesión.

Consigna: Vamos a hacer lo que podamos por un lapso de 45 minutos aproximadamente.
Al niño le diremos también:
Vamos a ver qué podemos hacer hoy

La presencia de los adultos va a ser necesaria y además ellos también necesitan estar presentes, aunque puede ser intermitente, según las necesidades que manifieste el niño. En general en este tipo de abordajes naturalmente se establece un tipo de interacción que facilita la presencia de los padres y que puede ser muy enriquecedora y productiva. O sea, estamos dentro de otra casa de manera virtual, lo cual supone que los padres podrán o no estar presentes.

A partir de esta edad en adelante ya se puede proponer el juego del garabato de Winnicott, que habilita un intercambio donde todos pueden participar. En caso que estén los padres o alguno de ellos, se propone que uno de los padres empiece el juego y el niño lo siga. Se le trasmite la consigna al padre: "voy a hacer un garabato con los ojos cerrados y tú tienes que tratar de completarlo con lo primero que se te ocurra". Y el padre a cargo en ese momento le dice: "Y después empiezas tú con los ojos cerrados y yo tratare de completarlo". Este juego tiene la posibilidad de establecer un campo dinámico que facilita la narrativa consecuente y sus imprevisibles derivaciones asociativas llevándolos a generar sus propios relatos en interacción con el terapeuta.

Si los adultos no quieren participar se puede ofrecer el terapeuta a realizarlo, y el niño a completarlo, y así sucesivamente se puede seguir jugando promoviendo el fluir del juego, donde pueden aparecer los primeros objetos transicionales y el material de los sueños en distintas narraciones por sus derivas asociativas.

Ejemplo de la Lic. Patricia Chavero:

"Joaquín, un niño de 8 años llegó a la consulta por enuresis y dificultades en la sociabilización con sus pares. A lo largo del trabajo con Joaquín y sus padres, el síntoma enurético fue cediendo y al trabajar la relación con su papá pudo también acercarse a sus compañeros y animarse a formar parte del grupo de varones, a quienes anteriormente sentía muy hostiles.

Se propone a los padres continuar el tratamiento por videollamada y estuvieron de acuerdo.

Joaquín se mostró muy contento de que yo pudiera " ingresar" a ver su dormitorio.

Virtualmente, me mostró su cuarto y sus juguetes, sin recurrir a la presencia de los padres.

Fue muy interesante, en una sesión, escuchar que Joaquín hablaba conmigo en un tono de voz muy bajito, casi inaudible. Le pregunté qué pasaba y me dijo que hablaba así para que yo pudiera escuchar que sus padres estaban discutiendo, y que a él eso lo asustaba mucho. De repente, me sentí acompañando a Joaquín de un modo nuevo: "escuchando" sus miedos y angustias en su ámbito, donde agregó que su mamá estaba triste y que la había visto llorar.

Trae un juego en el que teníamos que "salvar" ranitas, enseñarles a nadar para que no se ahoguen en un lago. Es muy interesante la elección del juego por parte de Joaquín donde quiere ver si podremos sostener su mundo de juegos infantiles, y aprender a nadar y crecer sin ahogarse de miedo. Poder entrar virtualmente en su mundo lo hizo sentirse acompañado por el análisis dentro de su casa, donde "transmitió" en directo el miedo que le daban las continuas peleas de sus padres, para estar fuerte y poder jugar, a pesar de todo.

No olvidemos las ranitas también se hacen pis cuando se asustan y se ven amenazadas. Encontrar la figuralibidad a través del juego, fue un modo de preservar sus espacios lúdicos, plenos de fantasía."

Ejemplo de la Lic. Susana Rasisnsky:

Llamada de urgencia de un padre muy angustiado porque su nene de 6 años hace 15 días que no come sólidos. La terapeuta le hace una preguntas y surge que los padres se separaron luego de muchas discusiones, muy poco antes de que se decretara la cuarentena. Además Federico, el nene tiene una hermanita pequeña del que esta muy celoso. La mama accede con reticencias a la consulta y acepta que tenga una entrevista virtual con su hijo, donde en el trascurso de la misma el niño logra poder hablar de su enojo. La terapeuta le va señalando que no puede *"tragar"* las peleas de sus padres, y que no come como una forma de manifestar de que quiere que se ocupen de él, a lo que el pequeño asiente con la cabeza y comienza a sentirse más aliviado. La terapeuta pudo hablar con ambos padres de aquello que el nene no podía expresar que era la necesidad de que resuelvan sus problemas en privado porque afectaba mucho a los hijos escucharlos discutir.

Luego de unos días en los que enviaba dibujos a la terapeuta por el teléfono celular, empezó a comer sin miedo. Pese a que fueron unas pocas sesiones virtuales fueron fundamentales para que Federico se sienta contenido por la terapeuta que actuó a modo de continente de todo el grupo familiar estableciendo límites ante los desbordes de los adultos que amenazaban con arrasar la subjetividad de sus hijos.

Ejemplo de la Lic. Ariana Lebovic

"Mateo de 6 años y medio no puede dormir, pesadillas y monstruos lo acechan por la noche. Pide a sus padres que me contacten nuevamente pues debido al aislamiento social obligatorio las sesiones presenciales se vieron interrumpidas. Durante el primer encuentro me cuenta que tiene miedos pero no quiere hablar de eso, "mejor dibujemos". "Es Homero Simpson", luego hace a Bart y el sillón familiar. Pienso que lo primero que me muestra es algo referido al padre, pero no interpreto, lo espero. Su dibujo es la familia Simpson en su casa pero con ausencias. "No están todos", le señalo. Las ausencias y omisiones permiten que hablemos de lo que falta: "Extraño a mi papá, por suerte dentro de poco me viene a buscar". Mateo me cuenta que en estos días el coronavirus no le deja salir y que extraña a su papá que vive lejos y no lo puede visitar. Un ritmo ha cambiado en su dinámica familiar y él lo siente, lo expresa. Me muestra sus juguetes, el oso que usa para dormir "es uno nuevo porque el original se perdió en las vacaciones con mamá", y me pide volver a verme como siempre. A su modo Mateo me habla de las pérdidas, de los cambios y de los miedos de quedar atrapado y encerrado en la mirada y universo maternos, "soñé que mamá estaba parada en lo oscuro, mirándome".

A la sesión siguiente me espera con un barbijo, "¿Viste qué lindo? Me lo hizo mi mamá" la alegría esconde una preocupación ¿cómo se usa esto que hay que aprender a incorporar? Jugar con el barbijo le permite adueñarse de una situación que lo domina sin el costo de la desmentida, bordear un real que lo excede. La angustia por la falta de control emerge a través de un síntoma en transferencia que consiste en controlarme controlando el tiempo de sesión. Ahora es él el que mira el reloj y me despide.

¿Dale que armamos un portal mágico y vos venís y me salvas? Inventemos. La pantalla se vuelve nuestra zona intermedia de experiencia a través de la cual nos encontramos a jugar, él trae sus muñecos, yo comparto los míos, la escena se monta alrededor de un soldado que está encerrado sin poder salir. "¿Dale que vos venís y lo rescatás? Es un sueñor atrapado. Un lapsus condensa sueño y sueñor, Mateo se ríe y dice que es un sueño, que está oscuro y que yo tengo que atravesar el portal y rescatarlo. Salir implica correr riesgos. Mateo me cuenta que en este tiempo aprendió a leer y que eso lo pone muy contento, y que cuando vuelva a mi consultorio quiere que sigamos jugando con los mismos objetos. Una continuidad se sostiene ante tanta discontinuidad, y el niño avanza en el proceso de separación del Otro, a pesar de sus miedos-riesgos. Los padres, unidos, recrean un ambiente suficientemente bueno que le permite al niño recuperar la confianza básica. En sesión conquista la capacidad para jugar a solas en presencia del analista, el clima cambia de signo de la inquietud inicial pasa a una tranquilidad inesperada. El oso y el soldado, lo duro y lo blando de él mismo se integran mejor. "Yo tengo una Ari con la que hablo de mis sentimientos" le dice a su amigo fuera de sesión, y yo pienso: A confesión de partes relevo de pruebas".

Por todo lo expuesto consideramos que el vínculo virtual se transforma en una tierra fértil de intercambio creativo, en una tarea que implica ponerse en juego permanentemente armando un espacio de juego. Es como si le dijéramos al niño: "¿Vamos a jugar en esa casita?" Y el niño nos respondiera:
- "Pero si no hay ninguna casa ahí" y nosotros le dijéramos:
- "Entonces vamos a construirla".
Se trata, entonces de una propuesta de simbolización que podrá ser utilizada de distinta manera por cada niño, garabatos y dibujos que despliegan y contienen un mundo de sueños, terrores, temores y fantasías, que dejan de ser un fantaseo para hacerse "realidad imaginaria" en ese espacio virtual. Cuando el juego se despliega con el tera-

peuta, es aconsejable llevar una carpeta con los dibujos que fueron surgiendo, tanto del terapeuta como del niño como registro del encuentro para futuras derivaciones asociativas.

De 9 a 12 años

La consigna será: Vamos a hacer lo que podamos por un lapso de 45 minutos aproximadamente.

A partir de esta edad se propone a los padres y/o adultos a cargo que junto con los niños preparen un lugar con sus objetos favoritos, papeles y lápices de colores y todo lo que consideren que puede serles útil a los fines de la sesión.

Al niño, en tanto, le vamos a decir:

Vamos a ver qué podemos hacer hoy, jugar, contar algo que te pasó o te preocupa.

Los niños, y no sólo ellos, temen que sus propios sentimientos, miedos y emociones no se puedan contener; de ahí la importancia y la pervivencia por siglos de la narración y sus derivados: cuentos, fábulas, mitos, leyendas, novelas, obras de teatro, e incluso poemas en todas sus variantes.

En esta franja etaria ya puede expresarse más con las palabras, y pueden surgir incluso, si seguimos con los garabatos, narraciones y la necesidad de hacer también sus propios dibujos, así como proponer juegos al terapeuta mediante los celulares.

Empiezan a tener importancia los juegos con el celular que pese a que pueden ser considerados como una interferencia, por el contrario hay que tratar de incluirlos en una narrativa posible, "bajándolos" en nuestro celular, que los podamos transformar en un relato y compartir impresiones de alguna manera.

Es un desafío permanente a la creatividad y siempre tener en cuenta que la única invariancia es la mirada psicoanalítica y el encuadre interno del analista que sostiene el vínculo en una interacción permanente y productiva, sumando nuevos elementos en constante transformación: diferentes, imprevisibles pero no por ello menos válidos.

Los chicos de esta edad por lo general empiezan a querer estar solos con su analista y van surgiendo otras situaciones de juegos con la imagen, cómo aparecen en la pantalla, distorsiones muy significativas de las imágenes y de cómo aparecemos ante ellos. Aparece la curiosidad por saber dónde estamos, cómo es el lugar, y también la necesidad de mostrarnos su casa la mayoría de las veces. O sea que se genera una interacción distinta y desde otros vértices relacionales donde se empieza a esbozar la necesidad de estar a solas y la consideración de espacios de privacidad no fáciles de esbozar con claridad en los tiempos de cuarentena por ejemplo.

Ejemplo clínico del Lic. Valentín Torres:

"Una niña de 11 años por la que consultaron porque sus padres se habían separado y vivía con su madre y ya no tenía contacto con su padre, se caracterizaba por mostrar en la pantalla su cara solo a partir de la nariz para arriba. En el transcurso de la sesión se pudo detectar así la necesidad que tenía de ocultar su inminente desarrollo puberal que la avergonzaba frente a su analista varón y al mismo tiempo la necesidad imperiosa de mostrarse en algunos movimientos de la cámara donde aparecía de cuerpo entero recostada en su cama, evidenciando el desarrollo incipiente de los caracteres sexuales secundarios. Hay que tener en cuenta que la virtualidad permite un deslizamiento hacia una mayor intimidad por los espacios en que se produce el encuentro y nos demanda un sostenimiento del encuadre con características diferentes y en espacios no siempre predecibles, a diferencia de lo que ocurre con el trabajo en el consultorio.

La ausencia paterna por un lado la hacía sentirse abandonada, y por otro buscar la mirada paterna en su proceso de feminidad en ciernes. Estas situaciones demandaban del terapeuta una sutileza particular para acercarse a esas conductas de búsqueda que implicaban tanta vulnerabilidad y que bordeaban perfiles donde lo incestuoso asomaba y remarcaba la necesidad de la mirada paterna."

Partimos de la base que en la fantasía inconsciente correspondiente a la pubertad, existe la muerte de alguien, muerte y triunfo personal son intrínsecos del proceso de maduración. En este caso en particular, la niña no había visto más a su padre, no solamente por la cuarentena. El padre se había desvinculado totalmente de ella en un marco de violencia y peleas con la madre.

Por otro lado, en esta franja de edades se expresa la tensión propia de la pubertad que corresponde a la fantasía inconsciente del sexo y de la rivalidad vinculada con la elección de objeto sexual, que en este caso inundaba de temores e interrogantes la cotidianidad de esta niña.

Es relevante en estos casos tener presente que la posibilidad de llevar a cabo las fantasías puede en estas situaciones de carencia de la función paterna/ función tercera predisponerlos a conductas de riesgo para su integridad física y psíquica.

Podemos observar esta situación en la presentación de este caso particular, pero aun cuando en apariencia el crecimiento se produzca sin grandes crisis en la pubertad, de todas formas se lo vivencia como un acto agresivo, porque crecer significa pasar a ocupar el lugar de los padres. Son edades donde el pasaje de la pubertad a la temprana adolescencia colorean todas las conductas, a lo cual debemos añadir que la fuerza pulsional y la necesidad de expresarla en el aislamiento social puede desencadenar mayor irritación, miedos y enojos bastante lógicos y como tales hay que considerarlos ya que la imposibilidad de expansión los intensifica.

Se trata, entonces, de hacerles lugar a esa limitación que empaña sus deseos de expansión y esparcimiento con sus compañeros y tratar de ayudarlos a encontrar formas de no postergar ese deseo de estar con amigos, que la distancia social no se transforme en distancia emocional y afectiva en una edad donde ese pasaje a los grupos de referencia es tan fundamental y fundante de crecimiento psíquico, pero que también tiene un rol protector. Con las distintas posibilidades que ofrecen los medios virtuales, podemos acompañarlos en esa necesidad genuina de la edad, que ya a los doce años nos acerca a la temprana adolescencia con toda la movilización que trae.

Hay un cuerpo capaz de realizar el incesto y poner en acción sus fantasías de muerte del padre/madre rivales, que necesita la distancia del grupo de pertenencia familiar para ir hacia el grupo de referencia, algo que el confinamiento impide hacer por los medios habituales. Se trata de momentos cruciales del desarrollo donde el adecuado uso de la pantalla virtual puede ejercer una suerte de límite que sostiene ese proceso y permite una presencia que como en la viñeta presentada pueda procesar la ausencia mediante una intervención, señalamiento y/o interpretación. Particularmente porque el encierro lleva a que se intensifiquen ansiedades ligadas a la irrupción de la pubertad, la seducción y la búsqueda de límites para contener las mismas.

Acerca de los que presentaron viñetas

Patricia Monica Chavero
Lic. en Psicología de la Universidad de Buenos Aires
Miembro adherente Asociación Psicoanalítica Argentina
Especialista en niños y adolescentes
Miembro del departamento de niños y adolescentes de la Asociación Psicoanalítica Argentina
Cipea egresada –
Premio Arminda Aberastury 1995, al mejor trabajo en psicoanálisis de niños y adolescentes
co-autora del trabajo "Penas comunes, Salidas pulsionales diversas",
Patriciachavero@fibertel.com.ar

Silvia de Egea
Licenciada en psicología Universidad Católica Nuestra Señora de la Asunción.
Miembro Titular de ApdeA (Asociación Psicoanalítica de Asunción).
Miembro de la Federación Psicoanalítica de América Latina (Fepal) y de la Asociación Psicoanalítica Internacional. (IPA).
Secretaria General de la Asociación Psicoanalítica de Asunción.
Docente auxiliar de seminarios y de las cátedras de Introducción a Melanie Klein y Vinculo Temprano Fac.de Psicología Universidad del Norte Asunción-Paraguay.
Psicóloga Clínica práctica privada en consultorio.
Silviadegea@gmail.com

LIc. Solana Katz
Licenciada en psicología (UBA).
Miembro adherente de APdeBA.
Especialista en Psicoanálisis (IUSAM).

Egresada de la maestría de Familia y Pareja (IUSAM).
Tesorera APdeBA (2017).
miembro de la Asociación Psicoanalítica Internacional (IPA) y de la
Federación Psicoanalítica de Latinoamérica Fepal
Estudios en Escuela de Psicoterapia para Graduados y en Asociación
Psicoanalítica Argentina.
Egresada del programa LEAD y EME del IAE Business School
solanakatz@gmail.com

Lic. Ariana Verónica Lebovic
(1999) Psicóloga egresada de la UBA
(2000-2005) Concurrente Hospital de Niños Dr. Ricardo Gutiérrez
(2014)Especialista en Clínica con Niños, UCES-Apba,
Docente Especialización en Psicoanálisis con Niños. Uces. Cátedra de
Beatriz Janin.
Miembro del Fórum Infancias.
Autora de capítulos de libros y artículos en revistas académicas.
Supervisora y Docente en cursos de formación y grupos de estudio
arianalebovic@hotmail.com

Profesor Valentin Torres
Psicoanalista
Miembro de la Asociación Psicoanalítica Internacional IPA y de la
Federación Latinoamericana de Psicoanalisis Fepal
Encargado del Departamento deDifusión de la APdeA
Torresfv@gmail.com

De 12 a 15 años

La consigna aquí sería:

Vamos a ver qué podemos hacer hoy, jugar, contar algo que te pasó o te preocupa.

Sabemos que en la transición adolescente adquiere toda su fuerza la expresión de la rabia, donde por medio de la regresión, la eclosión afectiva actualiza e incentiva el proceso de separación-individuación. Es bastante frecuente que los adolescentes cuando están en sesión se muestren ensimismados, y si se los invita a garabatear hagan torbellinos o espirales que podemos ver como la expresión de su retraimiento y también como su torbellino interior, que amenaza arrasar con todo su mundo interno.

Se le puede agregar al dibujo de este lado de la pantalla ya sea con palabras o con imágenes una intención interpretativa de sacarlos del "engolfamiento" materno, ofreciéndoles como sostén contratransferencial la presencia de un tercero, en este caso el analista, para poder continuar juntos el viaje de progreso a la experiencia, viaje que significaría "entrar" a navegar por su mundo interno y sus tormentas, que evidentemente el confinamiento puede intensificar, tal como venimos observando.

Tratar de propiciar la creación de un espacio transicional virtual, que como un círculo protector benigno lo resguarde de un choque violento con la realidad externa e interna y también su descubrimiento, donde en su génesis en general nos vamos a encontrar con vivencias de ataques destructivos pero también de caricias afectuosas. Se constituye así una zona intermedia de experiencia virtual, sobre la cual empieza a ponerse en marcha la posible elaboración de fantasías en torno a la agresión y la destrucción tratando de desenmarañar esas madejas. La frase de Freud, "despertar los perros dormidos", es considerada con respecto a una formulación de Winnicott que dice, que para que un niño sea criado de modo tal que pueda descubrir la parte más profunda de su naturaleza, alguien debe ser desafiado, y hasta en ocasiones odiado, sin correr el riesgo de que la relación se destruya por eso, ni ser destruido.

Ejemplo de la Lic. Margarita Edit Szlak de Cederbojm

"Llama la mamá de 50 años de edad quien comenta que está separada desde hace 10 años del papá de sus dos hijas. La mayor tiene 18 años y la menor, a quien llamaremos Nina, tiene 11 y fue quien demandó ser atendida. La madre consulta porque ve a Nina distraída, nerviosa, muy pendiente y conectada con ella, la mama. La madre relata que está en tratamiento con un psicólogo desde que el año pasado le extirparon un pecho porque tuvo cáncer. Luego se fue recuperando poco a poco y paulatinamente fue haciendo su vida normal. Pero desde hace unos meses comenzó con un dolor en la espalda y le hicieron un examen a mediados de abril del cual le tienen que dar el resultado de una biopsia ósea. Asimismo me comenta la madre preocupada que ella tiene mucha conexión con esta niña de 11 años y estando internada todavía al minuto que se despertó de la anestesia de la punción Nina la llamó por teléfono del colegio para ver cómo había salido esa práctica.

Como podemos ver se trata de una situación difícil justo ahora en estas circunstancias de pandemia y riesgosa tanto para la madre como para estas chicas, si es que se confirma el síntoma de la madre y hay que volver a intervenirla. Están viviendo sin el padre cerca, y sin alguna figura de sostén, ya que con los abuelos maternos y paternos tienen un vínculo lejano, casi inexistente, y el padre manifiesta una actitud muy distante y poco comprometida con sus hijas.

En el primer encuentro Nina habló con entusiasmo de sus deseos de conocer a la terapeuta e incluso hacia el final de la sesión pudo decir que le gustaba mucho mirar el cielo con su hermana mayor ahora que las noches son más brillantes. Tienen un telescopio en el balcón y vieron una estrella fugaz, que de alguna manera transmitía el temor que siente respecto a su madre, como una estrella fugaz. Pudo hablar también de su miedo "como todos de contagiarse", porque el tema del virus puede atacar a todos dijo, también del miedo por la punción que le hicieron a su mamá, que salga otra vez maligno. Estamos ante una consulta de urgencia, velada pero presente, la posibilidad de trabajar de manera virtual y la intimidad que produce trabajar en esos espacios que constituyen sus ámbitos familiares, hizo que Nina se empezara a sentir más aliviada, más distendida pudiendo concentrarse mejor en sus tareas escolares y en la relación con sus compañeros y amigos, con quienes también comenzó a relacionarse mediante la computadora".

Ejemplo de la Lic. Solana Katz:

"Consultan por una niña de 12 años con un diagnóstico de anorexia, de quien se expone en este primer capítulo la sesión de pasaje de lo presencial a lo virtual que *podría denominarse de las pesadillas al espacio de juego virtual.* Relata la terapeuta: previo al confinamiento estábamos en un momento del análisis en el que Valentina ya había atravesado férreas resistencias y en la "cuarentena" Valentina ya había empezado a tener pesadillas con frecuencia mostrando mucho interés en el relato y la interpretación de las mismas. Cuando pasamos a probar las sesiones virtuales ante la pandemia, pese a la actitud de desgano habitual que manifiesta, accede rápidamente ante mi ofrecimiento.

Responde a la primera sesión virtual con cierta excitación y mucha expectativa en su tono de voz. Está sentada en su cama, me muestra una amplia sonrisa que hace tiempo no veía, y espera que yo empiece. La saludo, le pregunto cómo fueron estos primeros cuatro días de cuarentena sin ir al colegio y me dice que no tuvo tiempo de extrañar porque le mandaron tarea y porque además le gustan mucho los temas domésticos, entonces está muy ocupada. Acto seguido los describe entusiasmada y pasa a mostrarme su pieza con la cámara enfocando hacia el lado contrario a su cara y aparece ante mis ojos un cuarto amplio perfectamente ordenado y prolijo. En el recorrido virtual de su cuarto aparece una zona con juguetes de cuando era más pequeña que llaman mi atención y ante mi expresión me dice al pasar que a veces juega con ellos. Me intereso por lo que me cuenta y ella continua relatándome que a veces juega con los "Little Ponys" por varias horas, me lleva a otro rincón donde tiene sus peluches y me muestra al preferido, me cuenta cómo se llama y que siempre está en su cama revelando tal vez de esta forma su objeto transicional.

La conversación es amena, fluida, hay un discurrir nuevo, fresco, alentador diría, como si se hubiera establecido un espacio de encuentro donde emergen sus fantasías y su objeto transicional en una comunicación abierta y espontánea.

Cuando termina el recorrido virtual ya han pasado cuarenta minutos aproximadamente desde que comenzamos la sesión y volvemos al modo "selfie"; se recuesta en su cama boca abajo con el teléfono en la almohada pegado a su cara y se establece un juego con el teléfono donde "virtualmente" yo me caigo varias veces y me vuelve a encontrar. Lo importante para remarcar es que se establece un dialogo en torno la posibilidad de conectarse con sus amigas, habla de una serie que está viendo y experimenta un sostenido entusiasmo en su conexión conmigo que propicia un espacio terapéutico diferente y al mismo tiempo de mayor intimidad solicitándome que la ayude a ver la forma de conectarse con sus amigas por ejemplo. Observo su mudanza desde la intimidación de las pesadillas a la intimidad del espacio virtual."

Ante la inminente separación paulatina de las figuras parentales los adolescentes se hallan en la necesidad de reinventar sus creencias, el poder del grupo no ya de los padres, sino el de los pares, que se sostiene habitualmente de forma virtual y por supuesto más en estas circunstancias. Sostener la mirada psicoanalítica en el espacio virtual frente a la necesidad expansiva del adolescente no es tarea sencilla, vienen a nuestra ayuda los juegos mediáticos, los mensajes de WhatsApp, la facilidad que ofrecen los distintos sitios de intercambio de forma grupal.

Empero, si es posible, conviene utilizar también la posibilidad privilegiada de trabajar con el grupo familiar, con el binomio y/o la pareja de los padres en lo que hace a favorecer la interacción transmitiendo la necesidad insoslayable del adolescente de hacerse su lugar. Respetando las medidas de cuidado, de no ser infantilizado por los temores y presiones de sus padres que, sin proponérselo, pueden ser utilizados para ejercer un control y exigencia excesivos sobre los hijos, deteniendo el proceso natural de búsqueda de independencia y discriminación de los padres de la infancia.

De 15 a 18 años

La consigna puede ser, por ejemplo:
Como estás, de qué te gustaría hablar en tu sesión, qué te preocupa?

En estos tiempos turbulentos es importante considerar que los adolescentes, que en general tienen una negación de todo lo vinculado a la enfermedad y la muerte, adquieran conciencia social de su entorno y según la comunicación que tengan con sus padres puedan ir desarrollándola, empezando por hacerse cargo de las tareas hogareñas.

O puede ser la oportunidad de que se sientan ubicados por su grupo familiar en un lugar diferente al habitual, espacio que sostiene la confrontación pero la aprovecha para que sea un camino de conexión con la realidad circundante, desde la colaboración en las tareas del hogar hasta la creación de redes de contención para los que están solos y para sus grupos de pares. Se trata de sacarlos de la burbuja donde muchas veces los mismos adultos los colocan por que no toleran el paso del tiempo y la independencia necesaria que tienen que hacer de sus mayores. Es muy frecuente que los traten como si siempre fueran niños y les exijan una dedicación excesiva a las tareas escolares por ejemplo y que desdibujen la preocupación y el impacto del entorno y su inevitable montante de angustia que aunque se quiera desmentir tiñe de preocupación la realidad circundante. Puede manifestarse con distintos ropajes: dormir más de la cuenta, desgano, irritación y falta de entusiasmo mayor que los habituales en esa franja etaria, donde surgirán confrontaciones que es importante poder sostener ya que el adolescente necesita del contacto con su grupo de pares. También con el espacio público y teme muchas veces quedar "encerrado" en el mundo de la endogamia familiar con la consecuente excitación incestuosa que los lleva a querer traansgredir lo establecido.

Ejemplo de la Lic. Catalina Martino:

"Florencia tiene 16 años y cursa cuarto año. Se define como amiguera y divertida.

-Flor: Al principio todo bien... Joda total. Sin horarios. Hiper conectada. Con onda... Todo cool.

Ahora no banco nada. Mala onda. Seca.

Siento que me estoy hundiendo tengo que salir. Lo necesito! Cuánto tiempo más!

Mis padres, todo bien. Se preocupan porque estoy bajón. Hasta mi hermano me trajo un chocolate que me gusta y le dije que se lo metiera en el culo. Pobre!

Te lo digo de onda, no me voy a quedar todo el tiempo encerrada. Necesito compartir con mi grupo, estar como antes del Virus... la juntada...los abrazos... no es por sexo, es abrazo ¿Se entiende?

Sé que estuvo mal que me fuera, así de una. Me cuidé, estoy informada. Llevé guantes, alcohol en gel y un piloto para dejarlo afuera. No quiero poner a nadie en peligro.

Cuando volví me sentía mejor. Tenía el abrazo...me parece, ahora, que pensé que nunca más podríamos abrazarnos.

Me estaba volviendo loca. Tenía que hacerlo. No me iba a contagiar.

No quiero contagiar a nadie. Me muero primero.

Yo necesitaba sentir ese abrazo fuerte, apretado no el virtual.

Ejemplo 2 de la Lic. Catalina Martino: Lola: 14 años. Cursa segundo año. Se autodefine como militante feminista. Colectivo Ni una Menos.

-Lola: Al principio todo bien. Nosotres somos de estar re conectades siempre.

Toco la guitarra, pinto.

Ya no me pinta nada.

La semana pasada me empezó el bajón.

No estar con Mati en su cumple. Yo quería estar, pero éste puto fantasma del corona virus viene y te priva de todo.

Sé que yo estoy mejor que muchos. Lo mío privilegio total! Tengo casa, comida, redes…pero esto me mata!

Soy de decir mucho: me mato, me muero…todes decimos así por cualquiera.

Sabes que no me quiero morir así, por este virus fantasma!!! No se ve y está ahí y mata y mata!!

Llora."

Aflicción, dolor, duelo, son todos afectos presentes en la trama de base, situación que está dañando seriamente la salud de los individuos y la economía. Por eso es muy importante validar los sentimientos de los adolescentes, y no sólo de ellos, que reaccionan normalmente ante situaciones anormales. Es decir, se trata de intentar manejar los miedos y el desamparo frente a la vulnerabilidad para no infantilizar a sus miembros, porque de lo contrario se los imposibilita de tener independencia de pensamiento y de acción sobre su entorno circundante. No conviene olvidar que la crisis global puede ser insanamente "aprovechada" para incrementar los controles de tipo dictatoriales y desde el punto de vista planteado, la familia como célula social puede aprovechar ese poder de la misma manera aunque en diferente escala.

Desde esa perspectiva los adolescentes también pueden ser empoderados como agentes de salud armando redes de información fidedigna, adquiriendo responsabilidades, lo cual los llevará a sentir que no están detenidos en una eternidad temporal sin posibilidad de seguir evolucionando, madurando pese a que tal vez se fastidien si se los convoca a la colaboración en distintos espacios.

Algunas reflexiones

Pienso que debemos tener cuidado con toda la manipulación que puede ejercerse desde distintos ámbitos por la fuerza avasalladora de los acontecimientos en todos los estamentos sociales, aunque tampoco debiéramos desdeñar la concepción de la crisis como oportunidad. En efecto, siempre existe la posibilidad de que se produzcan cambios en el sentido del incremento de la solidaridad y la cooperación, ya que las crisis también pueden propiciar espacios de transición habilitadores, tanto a nivel familiar como social y tenemos que abocarnos a que así sea, haciendo lo posible partiendo de lo que aparece como imposible.

Quizás debamos tratar de aprender de la experiencia de este duelo universal que, como un "sismo" doloroso e inesperado, nos demanda cambios vertiginosos sobre temas fundamentales que también exigen respuestas urgentes, algo a lo que tal vez muchos de nosotros no estemos acostumbrados. Por eso habría que tener presente que no hay mucho lugar para hacer proyectos de largo alcance al menos por el momento.

Lo que nos constituye a todos como individuos fue sacudido por un virus incontrolable que por sus características arrasó con todo lo supuestamente establecido: desde la confianza en la investigación científica hasta límites insospechados de desprotección física y psíquica. Por más que se lo quiera desmentir son situaciones que producen un estado de perplejidad difícil de sobrellevar y que en la hipersensibilidad de los niños y adolescentes se manifiesta veladamente, por lo que se hace necesario tenerlo presente y poder acompañarlos.

Así, intentamos tolerar la incertidumbre, la falta de certezas, la inevitable frustración, la fragilidad inherente a lo humano, y la duda como formas de preservar la salud mental. Como dice el poeta:

> *"El oficio de la palabra,*
> *más allá de la pequeña miseria*
> *y la pequeña ternura de designar esto o aquello,*
> *es un acto de amor:*
> *crear presencia.*
> Juarroz, "Desbautizar al mundo"

Palabra a la cual puede aportar mucho el psicoanalista con su presencia, aunque sea virtual, para comunicar tranquilidad y esperanza en el medio del "terremoto global" en el que estamos tratando de sobrevivir. Cuando es amenazada la supervivencia nos encontramos, en todas las edades, con la necesidad de apego y la búsqueda de protección, que como analistas tenemos que tener presentes y a las cuales podemos contribuir con una perspectiva abierta y creativa sosteniendo aun y con más urgencia un aluvión de contenidos de información, temores y exigencias que nos desbordan en el medio de la tormenta.

La idea es, entonces, poder ayudarnos armando redes para tolerar la exigencia y la urgencia inusitada de plasticidad psíquica ya que no es sencillo dejar de lado todo lo que se hacía de determinadas maneras, incluyendo las creencias individuales y los mitos que tiene cada cultura. Poder superar nostalgias y añoranzas del pasado y del presente que impiden que *lo obvio de la pandemia nos implique en una ineludible relación de dolor que nos permita ir modificando la angustia en lugar de evitarla mediante la estupidez y la desmentida.*

Es una crisis de la humanidad, de lo imprevisible, de una realidad distópica que nos atañe a todos y que nos enfrenta a poder hacer lo posible partiendo de lo imposible. Propuesta que no se puede sostener desde la individualidad, sino por el contrario desde la posibilidad de armar redes de comunicación para sostener el contacto afectivo y el intercambio profesional entre los distintos grupos de trabajo, que actúan a la manera de una trama desde la que se pueda nuevamente proclamar la esperanza en la fuerza de los vínculos para instaurar la subjetividad de lo que todavía consideramos humanidad.

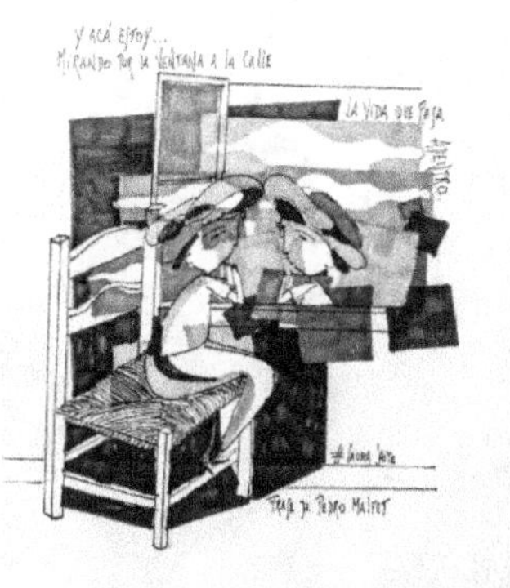

"Ilustraciones que plasman maneras de construir nuevos "entre". Espacios-tiempos de una clínica sin cuerpo presente, pero en continuidad de presencia. Porque acá estamos. Nunca el mismo gesto, si pudiese ser el mismo producirá idéntico efecto y afecto. Gestos y actos de anudamiento, entramado y sostén subjetivante".

Laura Jaite

Capítulo 2
Escrituras temblorosas.
Borradores de una educadora perpleja

Graciela Frigerio

Preludiando

> *Elle ne se manifeste pas de façon agréable,*
> *acceptable pour le grand nombre,*
> *au contraire elle produit du scandale.*
> *Elle ne se prête pas non plus à une vérification.*
> *L´apparition de la vérité est*
> *carrément insupportable[1].*
> Erri de Luca. Le tour de l´oie.
> Gallimard. Francia. 2018. Pag. 52, 53.

> *De la muerte la razón me dice :*
> *definitiva.*
> *De la razón, la razón me dice :*
> *Limitada.*
> Eduardo Chillida. Escritos.
> La fábrica, Madrid, 2016. Pág. 104.

> *Quelles tâches ingrates doivent*
> *accomplir les mots: tout remplacer[2]*
> Erri de Luca. Le tour de l´oie.
> Gallimard. Francia. 2018. Pag.79.
> *Llevamos en nosotros el desconcierto*

---

[1] Traducción salvaje: *Ella no se manifiesta de una manera agradable, aceptable para las mayorías.*
Todo lo contrario: ella escandaliza. Sin dejarse verificar. La verdad es francamente insoportable.

[2] Traducción salvaje: *Las palabras deben cumplir tareas ingratas: deben remplazar todo.*

> *de haber sido concebidos*
> Pascal Quignard: *El sexo y el espanto.*
> Minúscula. Barcelona, 2014. Pág. 7

Escrituras temblorosas[3]

> *¿De dónde sacó el hombre el concepto*
> *(noción) de lo estable?*
> *¿No es precisamente la estabilidad*
> *el mas antinatural y contrario*
> *a la vida de todos los conceptos?*
> Eduardo Chillida. *Escritos.*
> La fábrica, Madrid, 2016. Pág. 18.

Tal vez el sub título resulte desacertado, pero quizás *temblor* sea la palabra que podría describir en parte lo que llamaríamos (tentativamente) tiempo de habitualidades trastocadas. Después de todo, temblar *(tremere)*, asociado indefectiblemente desde su origen a *trepidus*, expresa *lo inquieto, lo agitado febrilmente; lo palpitante,* todo rebota en *intrépido* (lo que justamente no tiembla, lo que habilita –o podría habilitar- una osadía).

Nota al margen[4]: Seguramente inquietos, agi-

---

[3]   El primer borrador de una parte de estas notas tuvo su primera escritura después de intercambios que junto a Daniel Korinfeld sostuvimos en marzo 2020 (cuando la Pandemia empezaba a cobrar envergadura), con María Silvia Covián, Facundo Rodríguez Arcolía; Luciana Kuperman, Eva Chiesa, Gustavo Ruggiero y Delfina Arias, con quienes nos gusta pensar. Hice llegar las primeras páginas al amigo Marcelo Viñar. Los primeros bosquejos se modificaron mucho después del "conversatorio" al que, me invitó Sarah Flórez a principios de abril 2020, como parte de las actividades del Semillero, que sostienen con María Paulina Correa en la Universidad de Antioquia, Colombia. (Espacio con el que sostenemos una duradera amistad intelectual). La forma actual fue elaborada después de la conversación que mantuvimos con Hilda Catz, de la APA. (Bs As) para integrarse a este libro. Hilda suele invitar a dar forma escrita a lo que se está pensando. Norma Barbagelata realizó una interesante lectura de la versión actual de lo que seguirá pensándose y escribiendo. Agradezco a todxs esos interlocutores alentar el trabajo de pensar y escribir.

[4]   Algunos códigos notas al margen podría decirse asociaciones, en otros scolies, digamos unos comentarios que surgen de reconsiderar lo que se acaba de decir/ escribir. Unas anticipaciones de ideas que requieren un desarrollo posterior.

tados, temblorosos… ¿intrépidos?… eso solo se sabrá aprés – coup.

Uso en esta escritura *tiempo* en singular, como si el temblor que suscita (aun en las estructuras más consolidadas) que las relaciones entre casi todxs, con casi todo estén alteradas; borrara en este instante, momentáneamente al menos, la diferencia entre aïon, cronos y kairós y solo dejara el tiempo suspendido como en espera, una espera también indefinida y a su modo en suspenso… un suspenso que, en medio de lo que trastabilla[5], es quizás lo que se mantiene vacilante pero presente … palpitando.

Podría esto parecer confuso y/o contradictorio, seguramente tiene algo de ambas cosas, no puedo, no quisiera, disolver esas tensiones, apresurarme a nada… hay tiempo[6]… hay un tiempo en el tiempo que no queda… o si…. No lo podemos saber.

Jusqu'ici, ce n'est pas le temps qui m'a usé, c'est moi qui l'ai usé. Je l'ai balayé dans le col d'une clepsydre[7] horizontale. Clepsydre est un mot qui bien du verbe voler. Qui est le voleur, le temps où nous?
Je me dénonce, c'est moi qui l'a volé.
Je m'arrête parfois pour voir comment c'est le temps sans moi. Il s'écoule comme même, il se laisse voler par quelqu'un d'autre[8].
Erri de Luca. *Le tour de l'oie.* Gallimard. Francia. 2018. Pag.13

---

[5]   Sería tal vez interesante releer: a) los textos de Hannah Arendt cuando plantea lo que surge cuando una tradición se derrumba. ¿Será que algo de esto suponemos que acontece?; b) recordar a Cornelius Castoriadis cuando aborda las alteraciones del orden simbólico.

[6]   Sugerimos entre otras referencias, la lectura de Jacques André: *Les désordres du temps.* PUF. Francia. 2010.

[7]   Clepsydre, en la antigua Grecia, designaba un reloj de agua. Un reloj hidráulico. Permitía medir la duración de un discurso evitando que unos tuvieran mas tiempo de palabras que otros. Impedía así cualquier abuso en el uso del tiempo. Daba en los juicios el "mismo tiempo" al acusador que al defensor.

[8]   Traducción grosera: *Hasta ahora no es el tiempo el que me ha gastado (usado). Soy yo quien lo ha (usado) gastado. Lo he barrido en las marcas del reloj (la mención a lo horizontal en el original remite a la estructura de funcionamiento de la clepsydre). Clepsydre es una palabra que proviene del verbo robar. Quien es el ladrón? El tiempo? Nosotros?. Denuncio soy*

Tanto mencionarlos y, de pronto, unos conceptos adquieren una encarnadura que recuerda lo efímero y la fragilidad (nuevas relaciones entre las palabras y las cosas)

Acontecimiento. Experiencia... palabras y nociones evocadas hasta el hartazgo por la intelectualidad de todos los bordes. Banalizados a bostezar por el discurso cotidiano de los desgastadores de sentidos. Pero de pronto; algo acontece, aconteció, frente a todxs, en todxs; en simultáneo en todas partes.

De golpe (traumáticamente) la famosa experiencia se experimenta, está al alcance de todos y de cada quien. La experiencia no se busca, no se promueve, atrapa. Crea un antes y después: tumba, nos tumba masivamente y no parece haber lugar para tantos entierros definitivos (en ciertos lugares se buscan depósitos provisorios de cadáveres en todo tipo de lugares los refrigerados, los cerrados, las intemperies de los parques).

Los conceptos cumplen finalmente su propósito: agarran, atrapan, no (nos) dejan posibilidad - aunque la negación siempre funciona, la necedad no ha muerto, y narcisismos exacerbados persisten y firman- de indiferencia alguna. Voila la différance que asocia las diferencias.

Relaciones alteradas, radicalmente alteradas (sin posibilidad de saciarse, de desalterarse). ¿Es pensable esa radicalidad del mundo? ¿Es sobre-llevable esa radicalidad?

Nota al margen: Subrayo pensable para distinguir de opinable, opinar es un verbo excesivamente frecuentado en estos tiempos. Subrayo sobre – llevable para interrogar(me) sobre lo que el aparato psíquico puede tramitar sin desvencijarse. Por favor, nótese al pasar que no cuestiono la existen-

---

el ladrón. Yo lo he robado. A veces me detengo para observar como es el tiempo sin mi. Sigue pasando, fluyendo. Dejándose robar por otro.

cia de ese descubrimiento. ¡El aparato psíquico perdurará más allá de la pandemia! Quedará, si, por explorar a que dará lugar. ¿Qué subjetividades habitaran sus pliegues? Que sueños[9] nos harán soñar. Que historias de vidas se suscitarán....

¿Lo es? ¿Es pensable? ¿Qué será tramitable de la radicalidad del acontecimiento que encerró durante un periodo prolongado a una parte sustantiva de la población mundial? ¿ Que devendrá elaborable la radicalidad que parece colaborar en que se visibilice un orden simbólico tambaleante sin que amanezca, ni se atisbe aun, otro orden simbólico que cobije y sostenga igualdades en el marco de culturas en plural?

Frente a la contundencia del presente, podría suceder que (en lugar de tramitaciones) surjan intentos de regresar a momentos previos sin hacer mediar pregunta alguna acerca de qué texturas, que relaciones, que características institucionales, existenciales tenían; sin indagar demasiado acerca de que se trataban esos tiempos anteriores, de pronto aparentemente anhelados.

También podía ocurrir que ante lo angustiante del presente ese pasado reciente invitara a una cierta nostalgia a instalarse (aun cuando se haya sabido que ciertas estructuras y relaciones no siempre generaron efectos vivificantes).

Ha sido usual que los que ejercen los oficios del lazo, a los que hace años llamábamos con Gabriela Diker *oficios del frente* trabajen con sujetos particularmente descosi-

---

[9] Quisiéramos aquí subrayar que no estamos considerando a los sueños desde una perspectiva psicoanalítica, sino desde la perspectiva que nos aporta una cierta sociología, la que apunta que "los sueños son hechos profundamente sociales". Al respecto sugerimos la obra de Bernard Lahire: **L´interprétation sociologique des rêves. Ed. La découverte.** Francia.2018.

dos, puntos más que sueltos de tramas que no los cobijaron, que los dejaron caer o que los rechazaron.

Ya antes del mientras (y quizás del después) del acontecimiento los oficios del lazo se han visto solicitados. Necesidad de comprensión, necesidad de elaboración, necesidad de reparación, necesidad de seguir adelante con las vidas que ya se temen o se sienten dañadas.

En el ejercicio de los oficios, en tiempos de habitualidades trastocadas muchos nos encontraremos interpelando modos previos de comprender, reconsiderando modos anteriores de hacer, habitar, intervenir en las instituciones, incluso imaginando otras institucionalidades. Muchos trabajando para que algunas diferencias se instalen pronto en las instituciones **de modo tal que las desigualdades no se incrementen y los daños en las vidas no se multipliquen**. Probablemente muchos nos encontremos buscando maneras de acompañar y sostener que quizás requieran cierta novedad.

¿Novedades?: Nuevas configuraciones, nuevas traducciones. ¿Podría ser pensada la radicalidad del presente sin que el imaginario engañoso y fullero que clausura toda variación, no nos capture una vez más y nos despoje de *novedad posible*[10]?

¿Qué vamos a entender por creación[11]? ¿Se tratará de una nueva composición? ¿Cómo surge lo nuevo de lo viejo? ¿Cómo hacerlo surgir? ¿Cómo construir nuevas institucionalidades, descartada la idea de que puede haber

---

[10] Una inquietud…Quizás sea mas probable que nos atrape *el imaginario fullero* antes de que nos demos siquiera la chance de proponernos intentar atrapar al veloz kairós.

[11] Recordamos el contraste y el debate entre C. Castoriadis y P. Ricoeur. Pero también las preguntas que sostiene la tesis filosófica de Alejandro Cerletti o la pregunta de la pedagoga Gabriela Diker *¿Qué hay de nuevo en las nuevas infancias?* .

mundo común sin ellas[12]? ¿Qué perfiles identitarios irán procesando, inventando, encontrando nuestros oficios?

Nota al margen: Generalmente cuando escribo una pregunta me contento con colocar al final de la frase un signo de interrogación (aunque después un/a corrector/a de estilo agregue el punto de interrogación faltante) ... ahora capturo la frase entre dos de ellos, una manera de que se destaque la pregunta.

Se pregunta cuando no se sabe. No hay pregunta honrada cuando se sabe la respuesta. Como nunca se conoce lo bastante, ya que lo conocido oculta siempre lo desconocido, ¿no serán honradas todas las preguntas, incluso aquellas dirigidas hacia lo que creemos conocer?
Eduardo Chillida. *Escritos.*
La fábrica, Madrid, 2016. Pág. 48.

También en los oficios podrían constatarse regresos al pasado, adaptaciones rápidas deseosas de encontrar las formulas de la seguridad de los protocolos; fugas a futuros aun dudosos.

Quizás también (esperamos) se visualizarán sujetos en posición de *acompañar sin pretender prescribir, sin intentar domesticar emociones...* simplemente allí, una vez más: escuchando, sosteniendo frágiles tramas para que se mantengan a flote sujetos inestables, hasta que vuelvan a hacer pie, quizás en arenas psíquicas y paisajes sociales que antes no habían frecuentado (tal vez porque no existían o porque eran inimaginables). Sujetos deseosos de saber de sí, para estar con otros.

Lucho con las cosas quizás más que para conocerlas, para saber por qué no las puedo conocer. Es decir, para conocerme.

---

[12]   Ver al respecto, entre otros, Frédéric Lordon: **Vivre sans.** La fabrique. Francia. 2019.

Eduardo Chillida. *Escritos.*
La fábrica, Madrid, 2016. Pág. 17.

Las habitualidades trastocadas por este temblor que deja quietos los territorios pero no deja de movilizar las subjetividades, probablemente reabrirá algunos y pondrá en entredicho, afectará, zurcidos[13] previos, esas trazas que nos constituyen y nos otorgan un rasgo en común, el tener como identidad compartida, la de ser sujetos zurcidos[14] (los que ejercen los oficios del lazo siempre han oficiado ejercitando es oficio de los humanos de zurcidores)

El temblor podría llegar a reabrir viejas heridas, crear nuevos pliegues, juntar otros bordes... los cuerpos dejarán ver, con el (en un) tiempo aún no agendable, nuevas marcas.

Los cuerpos, ahora tan distantes por las prohibiciones de contacto directo, como tan excesivamente próximos en convivencias forzadas[15]. Tan amenazados por un virus que no se propone nada menos que dejarnos sin respiración. Tan groseramente visibles bajo formas insospe-

---

[13] Trabajamos la categoría de sujetos zurcidos en el seminario acerca de lo común (Montevideo 2018) que organizara Ana Hounie; en Medellín en un encuentro en la universidad de Antioquia que organizó Sarah Flórez y en los seminarios que sobre los oficios del lazo organizó en Buenos Aires el Grupo Rioplatense de estudios de psicoanálisis y educación en los años 2018 y 2019.

[14] Recordemos. Nos cuentan que Aristophanes toma la palabra en el Banquete cuando logró superar el hipo que lo aquejaba) recuerda que esa unidad primera de seres de 4 brazos y 4 piernas con un cabeza de dos rostros fue castigada por Zeus y partida al medio... Zeus confía a Apollon que se ocupe de cicatrizar la herida... lo común es que nadie es sino la mitad y que cada sujeto no deja de ser...un sujeto zurcido... Ese zurcido originario no es el único que marca al sujeto. Otros zurcidos se agregan , se yuxtaponen, cuentan a su manera las marcas de las vidas vividas y las huellas dejadas por eventuales zurcidores.

[15] *"La idea de que el hogar, la casa, es el lugar de la proximidad a la "naturaleza" es un mito de origen patriarcal. La casa es el espacio dentro del cual conviven una serie de objetos e individuos sin libertad, en el seno de un orden orientado a la producción de una utilidad".* Ver: http://lobosuelto.com/la-tierra-puede-deshacerse-de-nosotros-con-la-mas-pequena-de-sus-criaturas-entrevista-a-emanuele-coccia/

chadas: la de cuerpos intervenidos por máscaras, guantes, cobertores protectores, ventiladores, respiradores, tapices mortuorios de distintas texturas. Cuerpos depositados, quemados, indiferenciados[16]... Tan descarnadamente visibles en sus miedos, en sus necesidades básicas y tan "virtualizados" (y quizás perdiendo sus virtudes[17]), tan "aplanados" en las pantallas que simulan presencias (a veces reales, a veces fantasmáticas), cuerpos que se cubren, se encubren, se escapan de las residencias obligatorias...

Los cuerpos aparecen en las pantallas parcializados, expuestos, públicos y publicados...

Los cuerpos virtuales producen todo tipo de efectos. A muchos el simil presencia tranquiliza, a otros confunde, algunos niños y niñas se asustan o esa modalidad de la presencia los angustia.

Algo importante acontece... aunque algunos persistan en sostener idealizaciones (siempre excesivas) la pantalla, la conectividad, los encuentros virtuales (que por supuesto pueden ocasionalmente calmar angustias) están demostrando que están muy lejos de sustituir lo que el encuentro vuelve disponible[18]. Finalmente la fantasía de

---

16   Estoy asociando a los cuerpos que vimos depositados en distintos lugares, apilados en féretros (Europa), dejados en las calles apenas cubiertos (en Ecuador) a la espera de ...

17   Sobre las investigaciones que advierten la urgente necesidad de des-idealizar ciertos soportes invitamos a la lectura de la compilación coordinada por Cédric Biagini, Christophe Cailleux et François Jarrige: Critiques de l´écoles numérique. Ed. L´échapée: Paris, 2019.

18   E. Coccia escribe: *La población se ha quedado sola frente a este enorme vacío, y llora la ciudad desaparecida, la comunidad suspendida, la sociedad cerrada junto con las tiendas, las universidades o los estadios: los directos de Instagram, los aplausos o los cánticos colectivos en el balcón, la multiplicación de las arbitrarias y alegres carreras semanales son en su mayoría rituales de elaboración de duelo, intentos desesperados de reproducir la ciudad en miniatura.* http://lobosuelto.com/la-tierra-puede-deshacerse-de-nosotros-con-la-mas-pequena-de-sus-criaturas-entrevista-a-emanuele-coccia/

una tecnología todopoderosa, casi redentora, al menos queda (para algunos), felizmente interrogada.

Nota al margen: Por supuesto no se trata de negar el carácter de prótesis provisoria de todo lo que vuelve posible ciertos movimientos (que podrían colaborar a que los aislamientos no se registren como abandonos) pero su reificación no dejará de cuestionar(nos).

Interrogarnos sobre cómo quedarán los continentes íntimos cuando adquieren visibilidades que podrían distraer al que escucha de las palabras asociativas que solicitan atenciones flotantes. Esa forma de la atención que solo está atentas a los significantes de sonidos, suspiros, tonos, pausas, silencios, tonos, para ese ejercicio de recomposición llamado interpretación que vuelve posible hacer con las mismas piezas otras historias.

Interrogarnos sobre que sentido adquieren las palabras cuando el juguete arrojado no puede ser devuelto.... Cuando otros se suman en la pantalla a la escena prevista para confidencias confiadas a un exclusivo interlocutor no hogareño: ¿Adónde se esconderá el fantasma?

No sabemos casi nada de los efectos de ciertas prótesis y no lo sabremos si nos precipitamos a adoptarlas sin preguntarnos algo.

Efecto acontecimiento. Preguntas sobre los oficios del lazo[19]

> *¿Con que manos trabajo?*
> *Las de ayer no existen y*
> *me faltan las de mañana.*
> Eduardo Chillida. *Escritos.*
> La fábrica, Madrid, 2016. Pág. 24.

¿Con qué manos trabajo? ¿Con qué herramientas? Es decir: ¿Con qué *motores intelectuales?*

Nota al margen: ¿Con que sueños subsisto, me resisto, elaboro, continúo, persisto, renuncio, insisto?

¿Con que conceptos sostengo andamios precarios en territorios fangosos y agrietados?

¿Con que voluntad intentar elucidar algo de un presente que se prolonga, acechado por un futuro que amenaza reconstruir apenas pueda unas formas del pasado, (olvidando de él todas sus injusticias)? ¿Cómo dar señales de un porvenir posible en un presente desprovisto de masas críticas de imaginarios motores?

A propósito de imaginarios motores[20]. Quisiera recuperar una noción que utilizaba Sigmund Freud, de quien bien podría decirse:

---

[19] No me detendré aquí a abordar esta expresión que venimos trabajando hace tiempo en del grupo Rioplatense de estudios de Psicoanálisis y Educación y en especial con Daniel Korinfeld. Remito a los textos que expresan lo que compartimos en los últimos seminarios internacionales. Graciela Frigerio; Daniel Korinfeld; Carmen Rodríguez (comps.): *Las instituciones: saberes en acción. Aportes para un pensamiento clínico.* Noveduc, Buenos Aires, 2019; *Saberes en los Umbrales: Los oficios del lazo.* Noveduc. Buenos Aires, abril 2018; *Trabajar en las instituciones: Los oficios del lazo. Noveduc,* Buenos Aires, Septiembre 2017.

[20] Se puede rastrear este concepto en los trabajos de René Roussillon, quien ha trabajado profundamente en la línea de un psicoanálisis para/con/ de los /as más pequeños/as. Una presentación del concepto puede encontrarse en un libro que no ha perdido vigencia compilado por René Kaës, editado en español por Paidos: La institución y las instituciones. La filosofa Hélène Vedrine insistía en la importancia del imaginario como lo que está en el centro de todo conocimiento.

> *No hay nada que haya hecho*
> *más por la cultura que el*
> *deseo de saber del que no sabe*
> Eduardo Chillida. *Escritos.*
> La fábrica, Madrid, 2016. Pág. 17.

Quisiera recordar una palabra para describir (sino definir) una posición. Al Maestro, al Psicoanalista, al arquitecto de andamiajes y herramientas conceptuales que permiten bucear los territorios oscuros, íntimos, donde el mundo externo deviene subjetividad; le importaba destacar la tarea del contradictor (al que entendemos como un provocador de imaginarios motores). El contradictor invita a pensar tanto como el psicoanálisis invita a elaborar (no a hacer).

Contradictor es la palabra que nombra a un interlocutor externo o interno que interrumpe la continuidad de cualquier monólogo, para reinstalar preguntas, impulsar desconciertos, indicar prudencias, recordar la importancia de volverse pudoroso. Por ello, el contradictor constituye un verdadero personaje conceptual que despliega un papel protagónico para el pensamiento, la elaboración y la elucidación. El psicoanálisis no sería tal sin ese personaje conceptual, la clínica sin él se volvería una práctica adaptacionista o aplicacionista[21]. La praxis educativa extraviaría (probablemente) sus sentidos vivificantes, las prácticas escolares se verían (posiblemente) despojadas al menos de parte de su potencial socializador de culturas.

---

[21] No discutimos aquí que la misma podría producir efectos (incluso de buena sociabilidad y socialidad), solo nos interrogamos sobre lo que se esconde en el retorno a conductismos que creíamos superados. Nos interrogamos acerca de por qué pasaríamos a formar parte de las tropas de las neurociencias que ignoran donde se "localizan" los enigmas; y sobre todo nos sobresaltamos ante el regocijo (de dudosas motivaciones), que pretenden volver "educables" las emociones (operación que recupera disfrazada la represión que Freud denunciaba en los orígenes de ciertos padecimientos psíquicos)

En situaciones extraordinarias, (es decir que salen, que están por fuera del orden instituido[22]) que requieren intervenciones fuera de serie, tememos (más que al virus) a que, sin contradictores, nos volvamos sujetos tomados por la actualidad sin chance de contemporaneidad alguna. Tememos engrosar las filas de los opinólogos

La excepcionalidad no debería "normalizarse" entrando en ningún protocolo, a sabiendas que es necesario definir y conservar la idea que se requieren encuadres. Sin encuadre no hay tarea, así nos enseñaron. El encuadre que define un continente para el pensar / elaborar/ elucidar/ realizar, oficia finalmente de contenido (por ello sobre el también cae la interrogación que podría plantear un contradictor...)

Le debemos al contradictor la posibilidad de no caer en la tentación del conformismo, ni quedar confinados en los cercos cognitivos (en este contextos apresan más que el aislamiento social) a los que nos propulsa la tentación de la adaptación, la adaptabilidad, que lleva a un aplicacionismo de inventarios con ropajes novedosos pero que conservan la no interrogación como seña de identidad (al menos temporal).

Nos invitamos a abrir todos los interrogantes, reformular todas las preguntas, reinaugurar todos los enigmas. Invitamos a todas las hipótesis y a renunciar (al menos por un tiempo que deseamos duradero) a toda generalización.

Esto no significa descartar sin más, ni por previos a la Pandemia, algunos saberes que costó admitir[23], como por ejemplo que lo que le acontece a un niño es de índole "relacional", luego que el problema no es el sujeto niño/a;

---

[22]   No hay juicio de valor alguno asociado a lo instituido, en si solo indica lo ya dado.

[23]   Acerca de *saberes no sabidos, saberes no pensados*, la lectura de Christopher Bollas resulta esclarecedora.

adolescente sino las relaciones que cada uno/a de ellos y ellas tiene en y con su entorno.

Luego quizás valdría la pena considerar que, en tiempos revueltos, de entornos ocasionalmente desbrujulados, quizás se trata más de comenzar del trabajo con y entre los grandes, que poner un acento prioritario o exclusivo en el trabajo con los niños y adolescentes, ya bastante sobre exigidos[24] por tener que sobrellevar a los grandes que les han tocado en "suerte". Tanto más que muchos grandes están desorientados, angustiados, insomnes, temerosos, aterrados, negadores, agresivos, anonadados, tratando de ver que respuesta encuentran para sus propias vidas, lo que puede afectar, disminuir el anfitrionaje y el holding que de ellos un/a pequeño/a, un/a adolescente espera y necesita.

Cabe imaginar que nos encontraremos por largo rato, con los efectos de lo que está en la actualidad aconteciendo y cuyo contorno preciso no está delimitado.

Nos toparemos con marcas y huellas de todo tipo sobre las que se anuden y reactiven huellas y marcas anteriores. SE sufrirá de los anudamientos y de los desenlaces y habrá que pensar, reflexionar, ser prudentes y osados para activar modos de intervenir *aun no necesariamente repertoriados, ni catalogados, en los protocolos que nos vimos obligados a instituir en la emergencia.*

Tendremos que admitir que habrá que pensar mucho acerca de qué andamiajes conceptuales deberemos construir para bosquejar y acompañar *nuevas reconfiguraciones teóricas, nuevas intervenciones clínicas* en un diálogo de interpelación recíproca entre conceptos viajeros y re-traducciones epocales.

---

[24] Se nos podría decir que los grandes se sienten quizás igualmente sobre-exigidos, lo excepcional de los tiempos no prepara, no consulta disponibilidades, nos coloca en el epicentro de un movimiento que *espera intervenciones que no pueden esperar.*

¿Qué motores intelectuales, que andamiajes teóricos se balbucearán, se garabatearán para sostener las *praxis educativas, las practicas escolares?*.

No todo será nuevo pero todo tendrá quizás otros sentidos. La misma experiencia escolar se abrirá a nuevos abanicos de significados.

Nos encontraremos (a menos que se despliegue o consolide una insensibilidad propia de las corazas que pudieron haberse levantado para evitar sinsabores y angustias) con efectos de distinta índole[25]: los efectos objetivos y objetivables (políticos, sociales, económicos culturales, escolares) mas visibles o visibilizables, más "conversables" y los efectos subjetivos y subjetivados, en ocasiones mas esquivos a volverse palabra de intercambio.

Los efectos tendrán todos los matices y su pluralidad los volverá difícilmente clasificables, o para decirlo mas exactamente, no tendría sentido buscar una clasificación que se agregue o sustituya a las pre-existentes (acerca de cuyo sentido ya se dudaba).

No estoy segura de que sea sencillo moverse entre perplejidades y dudas. Es usual y ligeramente comprensible tratar de capturar lo que *irrumpe en lo ya sabido; buscar refugios para la continuidad de las habitualidades, para la mismísima repetición; adaptarse para sostener todo tipo de cotidianeidades* (a veces al precio de no interrogarnos lo suficiente sobre las mismas).

Por mi parte, me propuse no confiar en interpretaciones categóricas que se apresuren a un aprés - coup que aún no transcurrió como para resignificar lo que está aconteciendo.

---

[25]   El sociólogo Bernard Lahire lo trabaja de manera muy interesante en uno de sus textos: ***Dans les plus singuliers du social.*** La découverte ed. Francia. 2013.

> *Recuerdo a Chillida:*
>
> *Hay una manera de conoce –*
> *previa a lo que llamamos*
> *conocimiento- desde la cual*
> *es posible, sin saber cómo*
> *es la cosa, conocerla. Esa*
> *manera de conocer es tan*
> *abierta que admite diversas*
> *formas, sin que por eso*
> *todavía se sepa cómo es.*
>
> *Ese preconocimiento o*
> *aroma es mi guía en lo*
> *desconocido, en lo deseado,*
> *en lo necesario. Nunca discuto*
> *con él a priori y nunca dejo*
> *de hacerlo a posteriori.*
> Eduardo Chillida. *Escritos.*
> La fábrica, Madrid, 2016. Pág. 16.

No quisiera adoptar generalizaciones que dejen de lado la infinita producción de maneras singulares. No quisiera refugiarme en *"lo familiar"*. Sabemos de sus riesgos[26] e hipotetizamos que la pandemia no los modifica y hasta los acrecienta: el riesgo de naturalizar; el riesgo de no estar a salvo del Uno; el riesgo de *reducir las identificaciones; de borrar las necesarias diferencias intergeneracionales; de privar al otro de su derecho al secreto* (sobre cuya importancia nos han advertido tantas psicoanalistas de diferentes lenguas).

Sabemos el riesgo de agitar a los niños[27] omitiendo la pregunta acerca de qué o quién lo agita; sabemos el riesgo de adjudicar a los pequeños (incluso y sobre todo a sus expresiones y sintomatologías) lo que es ausencia de elaboración de las generaciones más grandes; el riesgo de querer atenuar el síntoma en lugar de comprenderlo...

[26] Hemos insistido en otros escritos acerca de este aspecto.

[27] Sugerimos el trabajo de Yann Diener: *On agite un enfant.* La fabrique ed. Paris. 2011.

sabemos algunas cosas… por supuesto son todos saberes a reconsiderar revisitar saberes para alterar o dejar que nos alteren.

A menos que queramos des-afiliarnos de las filiaciones simbólicas en las que nos hemos inscripto, creemos haber aprendido algo de lo que el psicoanálisis nos enseñó. Un filósofo (E. Coccia) lo subrayaba en estos días tratando de reflexionar a propósito de las situaciones que fue necesario formalizar para controlar la Pandemia. Coccia escribe: *"Podemos morir de exceso de hogar*[28]. Por supuesto es "solo" una frase, podemos leerla en distintos tonos, más cerca o más lejos de la letra (como aprendimos también del psicoanálisis)

¿Puede que un exceso de lo familiar (de lo naturalizado) no dé, no deje, lugar a la extranjeridad necesaria para el pensar?[29].

Un exceso de familia no siempre se traduce en mayor facilidad para vivir de manera vivificante la vida. La pérdida de la intimidad, el temor a volverse transparente y no contar con recovecos para soñar o jugar sin ser observado… La hiper -presencia de adultos ¿controladores? que no dan lugar a la mismidad …. Adultos que preten-

---

[28]   http://lobosuelto.com/la-tierra-puede-deshacerse-de-nosotros-con-la-mas-pequena-de-sus-criaturas-entrevista-a-emanuele-coccia/   La afirma-ciPodemos morirnosefugios para soportarlos como si lo fueran. adecen de "usos, e se ignoraban a si mismas.
guna comes, no impide ón   de Coccia coincide con lo que el psicoanálisis ha puesto de manifiesto en algunos casos clínicos. La Justicia lo sabe cuando debe tomar decisiones de derechos vulnerados, incestos, abusos, feminicidios, violencia familiar…. La vida cotidiana lo sabe por qué lo saben los sujetos que padecen de "hogar". Otros sujetos, saben que también es posible morir de *"ausencia de hogar"*. ¿Cuál será la *"justa medida"*? Los griegos recurrían a la "justa medida" para regular algunos intercambios y los matemáticos a la medida "justa" pero ….el sujeto singular (a menos de encontrarse extremadamente alienado), suele no dejarse estandarizar tan fácilmente, no sin resistencia.

[29]   Remitimos al bellísimo texto de Jean Luc Nancy, traducido como *El intruso.*

den que los pequeños hagan ejercicios didácticos de auto control de las emociones[30] incordiosas antes de preguntarse qué papel han tenido en su estimulación.

No tengo la hipótesis que en algún tiempo crecer haya sido *"simple"*[31]. La dependencia de los primeros tiempos, la necesidad de saberse existente para otros[32], no autoriza la ingenuidad de considerar que crecer es algo que podría llevarse a cabo *"sencillamente"*.

No tengo la hipótesis que el conocer sea un trabajo que pueda llevarse a cabo sin soportar el tomar distancia de los refugios cognitivos que cada época tiende a proponer e imponer.

No tengo la hipótesis de que después de la Pandemia inexorablemente todo será distinto (aunque para muchísimos sectores de la población y sujetos marque un categórico antes y después). Tampoco sostendría la hipótesis de que todo será lo mismo a pesar de los esfuerzos que muchos/as hagan para recuperar la así llamada[33], quizás la mal llamada vida normal.

Aunque tiente compartirlo (me) resulta difícil adherir, sin más, al entusiasmo (o el optimismo) de Alain Badiou. Tampoco (me) resulta simple adherir (sin más) a las propuestas de Slavoj Zizek. Si bien podría coincidirse con ellos (y otros) que a la salida de la Pandemia nos encaminamos hacia un posible otro orden simbólico interna-

---

[30] Adouls Huxley describió esos escenarios en épocas en los que hacerlo resultaba de un ejercicio de creación literaria (*Un mundo feliz*, diversas ediciones).

[31] Me resulta difícil no recordar a Cioran (en especial ese texto de nombre tan contundente: De l´incovenient d´être né. Gallimard. Francia, 1983 donde en sus primeras páginas propone: *Nous ne courons pas vers la mort, nous fuyons la catastrophe de la naissance, nous nous démenons, rescapés qui essaient d´oublier. La peur de la mort n´est que la projection dans l´avenir d´une peur qui remonte à notre premier instant.* (Pág. 19).

[32] *Ser alguien para alguien suele decir* Marcelo Viñar.

[33] Me encanta esa ironía propia de la escritura de Thomas Bernhard que recurre a la formula "así llamada" para indicar todas sus dudas.

cional no es evidente que éste necesariamente se oriente hacia mayor justicia social [34]... pero me gusta identificarme con Zizeck cuando sale a la defensa de las causas perdidas[35]....

No ignoro la importancia de intervenir en situaciones extremas, el sentido estructurante que puede tener para la vida el acompañar y sostener elaboraciones en momentos de límites y bordes.

No dejaré de considerar que hay un importante trabajo psíquico sobre sí asociado al asumir ciertos trabajos políticos. Los trabajos de los oficios del lazo (educar es uno de ellos), son trabajos políticos, no podríamos ignorar (otros lo hacen) que trabajar en educación implica aceptar que las intervenciones conciernen las vidas singulares y el vivir con otros. Tanto más cuando la educación es un derecho y se ha universalmente institucionalizado por largos años de las biografía la educación obligatoria.

No apuesto a las subjetividades heroicas acerca de las cuales Ignacio Lewcowitcz36 nos había indicado sus complicaciones sino contraindicaciones, pero advierto los esfuerzos que se llevan a cabo cotidianamente, bajo el signo de una fraternidad política[37] (no familiar) para sostener de lo humano lo que duda en ponerse de pie o tambalea deshilachado, para zurcir lo rasgado, para dar de comer, dar de saber, para hacer gesto y acto de presencia simbólica o material (aun con la requerida prudente y obli-

---

[34] Nadie mejor que Alain Supiot para presentar el abanico de sentidos que concierne y da fuerza a ese concepto. Al respecto y del mencionado autor: *La forcé d´une idée.* LLL ed. Francia. 2019.

[35] Título de uno de sus libros

[36] Ignacio Lewkowitcz abordó en su momento potentes consideraciones para pensar acontecimiento, trauma y catástrofe. El lector encontrará en sus libros mucho para reconsiderar la actualidad y en Lobo Suelto algunas de sus clases/ notas.

[37] Sugerimos el trabajo de Agustín Squella: *Fraternidad.* Ed. De la Universidad de Valparaíso. Chile, 2018.

gatoria distancia). Gestos y actos de presencia material y simbólica no solo allí donde la conectividad no llega y los dispositivos no existen, sino allí donde hay conectividad y dispositivo pero se advierte que hay algo que lo virtual no compensa, no ofrece, no brinda... la calidez de la mirada del otro apenas entrevista entre barbijo y anteojos, detrás de los cristales protectores... el gesto que "toca" sin tocar, que llega sin alcanzar, pero alcanza sin llegar... es el gesto de hacerse presente como otro en el umbral[38]... el gesto que sostiene la transferencia que sostiene una transmisión[39] allí mismo donde la herencia podría ser, una vez más, ("casi"[40]) pura creación de otra cosa.

Nota al margen: Se impone ya mismo renunciar a la omnipotencia de la pretensión de pura creación de otra cosa. Se impone a la vez reiterar el esfuerzo de "no más de lo mismo" e insistir en contemplar variaciones....

---

[38] Frigerio, Korinfeld, Rodríguez: *Saberes de los umbrales*. Noveduc. Buenos Aires.

[39] Facundo Rodríguez Arcolía está trabajando estos anudamientos.

[40] Después de todo somos herederos e intérpretes, somos sujetos que existimos en libertad condicional – definida por los antepasados muertos (recuerdo los trabajos de Alberto Konicheckis, por sus super-yo incorporados y "contagiados", pasados de formas ostentosas o sutiles...

Definitivamente tal vez, sujetos del entre.... entre tiempos... entre herencias, entre repetición y variación[41]... entre otros... no sin otros....

Après-coup y transmisión

> *A toi, fils, je ne laisse rien.*
> *Tu renonces à ton héritage*
> *sans que je te le demande.*
> *Je ne pèserai pas sur toi dans*
> *ma vieillesse, qui n´est pas obligatoire*[42]
> Erri de Luca. Le tour de l´oie.
> Gallimard. 2018. Pag.13

¿Será ese un modo de habilitar otra cosa?. ¿El don de la suspensión /la ausencia de don pre-establecido?
A reconsiderar todo...

> *Contra la orientación,*
> *la estabilidad, el conocimiento,*
> *la seguridad...*
> *Desorientación, inestabilidad,*
> *asombro (camino hacia el*
> *conocimiento). Más vale ciento*
> *volando que pájaro en mano.*
> Eduardo Chillida. *Escritos.*
> La fábrica, Madrid, 2016. Pág. 18.

Solo esperamos poder elaborar lo necesario para mantener, en tiempos de temblor y habitualidades trastocadas, la extranjeridad necesaria para que nada se naturalice.

---

[41]   Pienso en las *variaciones Goldberg* (que ya mismo me pongo a escuchar...una vez más...).

[42]   Traducción probable: *Hijo, a ti, no te dejo nada. Renuncias a tu herencia sin que te lo pida. No pesaré sobre ti en mi vejez. Ella no es obligatoria.*

Adelante no es lo que se mira
*　　　　　　es lo que no se sabe,*
*　　　　　　　　　es el saber de no saberse*
(…)
　　　　Hugo Mujica. *Vislumbre en Al alba los pájaros.*
　　　　El hilo de Ariadna. Buenos Aires, 2017. Pág. 103

Graciela Frigerio[43]
Buenos Aires. Martes. Mayo. 2020.

---

[43] *Graciela Frigerio* egresada de la UBA, Dra. en Educación (Université de Paris V). Actualmente dirige el Doctorado Sentidos. Teorías y Prácticas de la Educación, de la FHUC. Universidad del Litoral y desde hace mucho años coordina con Daniel Korinfeld los Ateneos de Pensamiento clínico sobre las instituciones y los oficios del lazo

Tele-Psicoterapia Psicoanalítica con padres e infantes

Es una versión resumida de otro trabajo que esta por publicarse

Stella Acquarone

Abstract

Nos preguntamos si podemos ayudar de manera remota en una depresión post-natal o a un bebe/niño pequeño que se aísla de sus padres. Esto podría ser a través del teléfono o video conferencia? Quisiera desarrollar esta pregunta y cuestionar las ventajas y desventajas que ofrece un medio de comunicación con pacientes a la distancia que incluye medios telefónicos o virtuales. Al mismo tiempo ver si las metas psicoanalíticas se realizan como ser desde el análisis de las resistencias y de los procesos analíticos, a la posibilidad de analizar la regresión en los pacientes a través de la transferencia y la contratransferencia.

Llegue a la conclusión de que la video-conferencia era mejor que el teléfono por que se podía ver al bebe o niño pequeño o con minusvalía reaccionar, comunicarse no verbalmente, y hacer de estímulo a los padres para conectarse, o que lo entiendan de una manera diferente o que lo dejen tranquilo y se ocupen de los problemas que ellos están proyectando en ellos.

Introducción

Trabajos en el ámbito de tele-análisis o tele psicoterapia aparecen en un trabajo de Saul (1951) con pacientes adultos trabajando por teléfono y donde el mismo predice que aunque encontrara una terrible resistencia al psicoanálisis tradicional, este se tendrá que adaptar probablemente en el futuro a métodos televisuales de comunicación con el paciente. Es en 1970 que resurge el teléfono como una ayuda técnica en el tratamiento de pacientes psicoanalíticos (Lipton 1988, Miller 1973, Robertiello, 1972 y muchos otros (Aronson ,2000 Lefffert, 2003 Lindon 2000 y otros más) y en 2001 hubo una encuesta en la sociedad Americana en la cual estiman que 83% de los analistas habían usado teléfono en el tratamiento de sus pacientes. Y es así que se cuestiona la eficacia del método y se lo compara al método tradicional presencial.

La evolución hacia métodos visuales de trabajar con el paciente en vez de solo con la voz, apareció con la aparición de Skype quien creo otro cuestionamiento a la ya adoptada manera telefónica de trabajar con pacientes.

Las preguntas están relacionadas a la corporeidad virtual del paciente cuando paciente y analista están presentes cara a cara a través de la pantalla, porque sabemos que por internet también se distorsionan en el tiempo movimientos, gestos y la voz. Y la pregunta entonces es si estamos trabajando con datos que son reales o ficticios ya que los movimientos o gestos se pueden interpretar como viniendo como respuesta a los que estanos diciendo ahora y en realidad podrían pertenecer a lo que ocurrió unos minutos antes.

Revisaremos sin embargo a lo escrito con respecto a la investigación en relación a la interacción madre-bebe, los estudios sobre la intersubjetividad (Beebe, Knoblauch, Rustin and Sorter, 2005) teorías acerca del apego y regulación de afectos (Shore,2005) tanto como teorías acerca de cómo la información se procesa (Bayles, 2007, Shore 2006a, Siegel 1999 y otros) son autores que explican como el concepto de la manifestación de los procesos inconscientes aparece invisible e implícita en los procesos corporales como un continuo entretelón que está basado en el centro del sí mismo continuamente influenciando nuestro comportamiento y funcionamiento (Shore, 2006a).

De esta manera los problemas de deformación aparente en Skype pueden ser contrarrestados con los elementos positivos que aportan: lo que se puede ver y apreciar del paciente y que le aportamos al paciente con nuestra comunicación corporal también.

Sharff (2011) quien escribió abundantemente acerca de pacientes adultos en análisis por teléfono y vía Skype menciona sus ventajas y desventajas. Señala que lo importante es el análisis de las resistencias y de los procesos analíticos, la posibilidad de analizar la regresión en los pacientes a través de la transferencia y la contratransferencia con la habilidad de que el psicoterapeuta se permita la atención flotante como al mismo tiempo la observación sutil de los gestos comentarios perdidos y evocaciones que el paciente manifiesta.

Cuando pensamos en como los niños reaccionan y trabajan enfrente a una computadora que contiene la imagen de la terapeuta en la pantalla es diferente y es así que revisare brevemente el trabajo con niños a través de Videoterapia donde el trabajo se complica un poco más por que los niños juegan y tienen que jugar con el terapeuta pero en estos casos es con la presencia del analista terapeuta mediante la pantalla.

Sehon (2015) explica a través de dos viñetas de pequeños pacientes, como ella uso VoIP (Voice over Internet Protocol). satisfactoriamente para evitar interrupciones en el tratamiento, haciendo de puente y ayudando con ansiedades de separación. Uno de sus pacientes jugaba desde su lugar y la analista podía hablar y asociar con el material lúdico que se le presentaba a través de la pantalla.

Bayles (2012) se pregunta acerca si es importante la proximidad física como esencial al proceso psicoanalítico y concluye que cuando el proceso va bien puede ser aún más atrayente e interesante en el proceso de terapia virtual, pero cuando el paciente disocia mucho es más difícil hacerlo participar con sus estados "no-yo" (not me).

Bayles recomienda ser consciente de como nuestras modalidades sensoriales se ocupan de la narración del paciente prestando especial atención a la propiocepción e intercepción (sentidos que nos hacen saber que está ocurriendo en nuestros cuerpos), En otras palabras cómo nuestros sentidos interactúan intrapersonalmente e interpersonalmente, cuales es su función en la interacción relacional y si nosotros estamos limitados por la tecnología.

Parecería que el órgano más aparentemente involucrado son los ojos y solo ven la cabeza en la pantalla. Bayles argumenta que perdiendo la comunicación implícita a nivel corporal, la cual de acuerdo a Shore esta capturada por el cerebro derecho y provee una base para la regulación de los afectos, hasta qué punto la comunicación no consciente está comprometida y es menos efectiva. Teniendo esto en cuenta, en la Psicoterapia Psicoanalítica de Padres e Infantes ha sido muy útil el ver más que la cabeza, como la parte superior del cuerpo y a veces la familia con cuerpo entero jugando en el piso con los niños, desde un ángulo de la habitación y junto a esto su lenguaje corporal, para reactivar en nosotros los terapeutas más reacciones a nivel de nuestro cuerpo.

Oromi (2014) concluye que tratamientos por video-conferencia, con todas sus peculiaridades pueden ayudar a identificar nuevos aspectos reveladores que aparecen como consecuencia del factor tecnológico.

Voy a presentar ahora 2 viñetas para ilustrar cómo las dificultades en la relación entre padres y bebes o niños pequeños puede ser ayudada satisfactoriamente desde esta perspectiva..

Comienzo de trabajo vía VoIP (Voice over Internet Protocol). en mi caso Skype.

Setting

Con anticipación a la primera entrevista, mando un formulario organizado por mi donde pregunto datos principales del bagaje emocional y experiencial de la familia, con datos de profesionales involucrados hasta este momento. Les pido cualquier reporte médico o de profesionales sobre el niño o los padres que fuera de incumbencia y yo debería saber. Acordamos los honorarios por hora y los términos en caso de ausencia.

Arreglamos una hora y día determinados, a realizarse a través de video conferencia VoIP (Voice over Internet Protocol). Yo uso este método, a través de Skype en mi consultorio de niños donde tengo una familia de osos de peluche de dos tamaños y vestidos con ropas de niños pequeños, como pantalones de jean y remeras o camisetas de mangas cortas de algodón, las medidas son de 40 centímetros, grandes para que yo pueda ejemplificar con ellos el manej de los mismos con los niños si es necesario. (Si estoy viajando, arreglo en el hotel un cuarto donde esto es posible, usando elementos sustitutos para ejemplificar algo: por ejemplo arrollo o arrugo un pedazo de papel que sirve de pelota entre el osito y yo para que los padres y el bebe del otro lado de la pantalla hagan lo mismo o uso un sweater o cárdigan como animal de peluche o como bebe para ejemplificar si es necesario).

Además tengo otros elementos como una pelota liviana, papel y lapiceras, aros de colores, juegos de té, cubos y otros elementos como platos de papel, un chal para jugar a la escondida, algún libro de cuento, y plastilina.

Yo me siento en una silla cómoda desde donde escucho a los padres y veo como ellos se comportan. Si el niño está en los brazos, tal cual como si estuvieran en mi consultorio me fijo en la manera de sostener al bebe, y de relacionarse con el niño, con todas las posibilidades y sentidos. También observo cual es el tono muscular del bebe o niño, los hay tensos, movedizos y flojos.

Desde allí observo como lo haría en mi consultorio, cuando y como le prestan atención al bebe o niño y cómo reaccionan todos. Observo también el lenguaje corporal de los padres y también sus reacciones con el niño. Con atención flotante presto atención a los mensajes verbales y no verbales que me trasmiten y las reacciones que producen en mí y en mis pensamientos con respecto a lo que está sucediendo.

Tengo preparado el piso, donde sentarme cómoda o sillas pequeñas para ejemplificar si es necesario con los osos de peluche o una bebe de juguete.

Le pido a la madre o el padre que tengan con ellos en su entrevista los elementos lúdicos con lo que ellos cuentan para jugar con su bebe (o niño pequeño).

Me interesa ver no solo si son puntuales y su disponibilidad a llamarme cuando estén listos, sino que ambiente ellos usan para reunirse y mostrarme, si es la cocina, su dormitorio, el dormitorio del bebe o niño si duerme separado o la sala de estar.

La resistencia aparece clara y directa a través de las vueltas, malentendidos con respecto al día y hora y sobre todo, dependiendo del grado de culpa inconsciente que deduzco que no quieren enfrentar, cuantas excusas interponen para no acudir a la consulta. En algunos casos ellos prefieren aceptar que su bebe quizás tenga problemas terribles, como que tiene epilepsia o señales de autismo o trastornos cromosómicos. Pero lo que se evidencia que les es más difícil de confrontar es su parte personal o intergeneracional inconsciente en el problema que aparece en el niño, sobre todo cuando han habido conflictos en el pasado que los padres no quisieron mirar o resolver entonces.

En la primera entrevista les recalco que no quiero la televisión o la radio prendida y que apaguen su teléfono sino lo están usando en FacTime conmigo en ese momento.

Es importante ver los elementos lúdicos con los que ellos cuentan. Duros o suaves, eléctricos o digitales incluyendo iPads.

Podemos ver el estado de la vivienda, indicativa del estado mental y continente provisto por los padres al niño. Les pregunto si tienen videos previos al problema. En la primera consulta se establece contacto y basada en la observación de la sesión y en la gravedad de la dificultad se establece,

1) el método como yo trabajo, en donde no doy consejos y si un espacio para observar y pensar juntos el problema que los aqueja,
2) número de sesiones.

Referencias de trabajos con padres y niños pequeños no encontré en PEP WEB y explico que hago estas consultas y tratamientos cuando no tengo forma de hacer una consulta presencial. En este momento de la cuarentena con el corona virus se ha hecho obligatorio el contacto vía VoIP (Voice over Internet Protocol). digital para poder continuar o realizar asesoramientos- tratamientos a los pacientes.

Las preguntas acerca de la efectividad de la consulta aparecen cuando es la única opción de poder ayudar. Este encuentro digital terapéutico al principio está acompañado en el nuevo practicante de este tipo de psicoterapia psicoanalítica, de ansiedades catastróficas como Bion menciona (1965) que son las que acompañan a todo cambio.

Mencionare a continuación un caso clínico con el que me inicie en esta manera de trabajar y otros dos más contemporáneos.

Caso clínico 1. Mellizas Cielo y Estrella, 14 meses

Era el año 2004, me consulto un psicoanalista que había hecho la especialización de psicoterapia Parento-Infantil en la School of Infant Mental Health, en Londres y había supervisado conmigo sus casos y se había mudado a Canadá. La consulta se refería a saber si podía ayudar a un paciente suyo que luego de haber revertido su vasectomía para tener niños en un tercer matrimonio, su mujer tuvo mellizas prematuras y con muchos problemas físicos (y posiblemente mentales). El y su mujer estaban abrumados y desesperados ya que las bebes, de 14 meses de edad estaban teniendo serios fallos de desarrollo y se temía la muerte y/o daño cerebral.

Al pedido de que manden videos de las niñas, los padres eligieron de la NICU, Unidad de Cuidados Intensivos

Neonatales, donde se veía un padre continuamente al lado de las incubadoras durmiéndose y en continuo letargo.

La carita de las bebes me recordaban a las caritas de los bebes presentados por Spitz en su film "Duelo, un peligro en la infancia" (1947) en el cual se refiere a dos clases de depresión en bebes, por duelo de la madre o por falta desde el principio de la madre (depresión anaclítica). Pensé que yo tenía suficientes pensamientos y reacción contratransferencial para tratar de trabajar con ellos si estaban interesados en un contacto virtual por Skype.

De esta manera se iniciaron contactos semanales vía Skype. Se realizaron 50 encuentros semanales. Y 6 seguimientos mensuales.

Primer contacto y sesión

Los padres me contactaron por teléfono y proseguí con el setting ya explicado.

Este caso sucedió hace 16 años cuando Skype empezó a facilitar consultas audiovisuales a larga distancia.

Arreglamos encuentros semanales a las 11.00am de allá y 7.00pm de Londres.

En la primera entrevista los dos padres estaban con una niña cada uno que pusieron en el piso con dos monigotes de goma que se paraban con una ventosa en el piso y tenían un resorte que los movía de lado a lado riéndoseos estruendosamente. Los padres se tiraron sobre dos sofás opuestos y no decía nadie nada.

La madre de las mellizas comenzó a hablar diciendo que ella era 40 años menor que el marido quien tenía aspecto juvenil y había insistido en tener un bebe. Ella era menor que las hijas del marido quien se acababa de jubilar y tenía varias nietos de diferentes edades. En la pantalla aparecían dos padres enojados y deprimidos.

En mi mente estaban muy presentes los videos de la Unidad especial de cuidados intensivos que había recibido de los padres. Yo estaba inundada personalmente del silencio del padre con el ruido de monitores de la unidad especial. Los veo en la pantalla, tirados sin ninguna buena postura evidentemente para que yo observe y "arregle "a sus hijas que fueron puestas en el piso sin decir una sola palabra.

Las bebes de una manera patética sonríen de una manera estereotipada donde las bocas mostraban la mueca de sonrisa, los ojos eran vacíos -desesperados y el cuerpo se movía de lado a lado rítmicamente como si se estuvieran meciendo. La imagen de los bebes sin madre de Spitz volvió a mi mente y en un ataque de angustia que sentí le pregunte a los padres como los podía ayudar y me contestaron con una pregunta,

-¿Qué le parece Doctora?

Sentí una gran desilusión, que los padres ni siquiera se molestaban a formular la desilusión de ellos, la rabia de ellos. Les comente que prefería que ellos me cuenten y me muestren todo lo que pueden hacer. (note mi desesperación de que las bebas hagan algo).

Los pacientes contestaron, que, las bebas no hacían nada, nada, solo comen poco, duermen y ensucian los panales. Ni siquiera lloran, agregan.

Les dije que cuando les pedí un video de las bebas, ellos me habían mandado un video de las bebas en la unidad especial de prematuros y que vi lo difícil y traumático que ello había sido para los cuatro. Si me podían contar como ellos se sintieron en esta seguidilla de acontecimientos, y si habían sabido que eran mellizas.

El padre se largó a llorar y dijo que todo era un desastre, que a su edad le viene a pasar esto. La madre empezó a llorar también (parecía más teatro de parte de ella y búsqueda de atención, porque cuidaba que su maquillaje no se corriera) y dijo que ella sabía que eran dos bebes pero nunca pensó que sería tan difícil y que las bebas estén en el hospital tanto tiempo y ella con tanta angustia y trabajo. Que aún estaba impresionada (shockeada). Ella se había imaginado que era simple y fácil porque su madre había tenido tantos niños y en su casa. La pareja se sentía tan bien en el embarazo, ni se les ocurrió que las cosas podrían complicarse tanto y tener tantos miedos y ser tan desafortunados. Esas niñas estaban en peligro de no desarrollarse bien cuando ellos tenían todo, juventud, casa, dinero. Como podía pasar algo así.

Una de las bebas hizo ruiditos y la madre continuaba como si nada su continua queja y el padre seguía sollozando.

Mencione a los padres este ruidito de la beba y como interpretarlo. Querían comunicarse con todas sus limitaciones. La madre la levanto y la bebe hizo una mueca de sonrisa y movió sus piernitas como si estuviera contenta y yo le dije a la mama que la beba parecía contenta de encontrarla y lo manifestaba con el movimiento de piernas y aleteo de los brazos y su boca y ojos mirándola. La madre miro asombrada y me dijo que yo hablaba como si la beba fuera normal, y pregunto si me parecía normal la beba, entonces.

- Les comente a los padres que parecía que el shock de la unidad especial, el tamaño y los peligros que iban sufriendo los había paralizado y sentían terror. Quizás, los padres sentían culpa por su angurria de tener más y más, y esta culpa era la causa de su imposibilidad de relacionarse con ellas y no le había permitido entrar a la unidad de prematuros. Tuve una sensación y pensamiento extraño acerca de que la madre no había tenido una madre alrededor suyo y le pregunte y después de muchas vueltas evitando la respuesta, contesto que ella no siente que tuvo ni tiene una madre, porque sus hermanas mellizas nacieron cuando ella tuvo 8 meses.

Continuamos pensando cuán difícil era vincularse con un ser que se puede morir en cualquier momento y que afrenta a sus planes ideales era la situación en la que ella estaba. Ella había pensado que era fácil tener bebes, su madre había tenido tantos sin problemas, y a ella le era difícil las primeras dos. Como quererlas, como jugar con ellas, como hablarles, como cantarles. Comente que ella creyó que el marido podría ser una buena mama para ella y sus hijas, y estuvo de acuerdo.

Quizás era importante también crear nuevas experiencias, como cantarles, coloque el oso enfrente a mí, tocándonos los pies y los padres y las niñas podían hacer lo mismo y empezamos a cantar suavemente y el cuerpo de las bebas parecía obtener una postura mejor mientras íbamos y veníamos con el suave vaivén del remar. La canción dice así, "remo remo en mi bote, suavemente rio abajo, y si ves un cocodrilo, no te olvides de gritar."

Las niñas tenían iluminados sus ojitos y a la madre se le cayó una lágrima silenciosa y emocionada diciendo que no podía creer lo que estaba viendo, y el padre se puso colorado y recordó una canción de cuna. El padre pregunto si yo consideraba que las niñas eran normales y le comente que desde que llego quiere mi opinión sobre la normalidad de la situación en la que se encuentran. Ellos no se permiten ver los positivo que está en potencia. Estas niñas son dos sobrevivientes. La ayuda emocional descubre que falta la conexión con el amor en ellos. Y ahora estamos trabajando para abrir esa compuerta para que fluya la sintonía emocional y se desarrolle un apego seguro.

Hubo muchas sesiones en las cuales la madre reconoció su necesidad de crear una madre interna interesada en ella y se propuso ir a tener tratamiento individual si no podía resolver sus estados anímicos en el que oscilaba entre   planeamientos maniacos y re-caídas llenas de odio y desesperación. Pensó por qué quería tanto a este hombre tanto mayor y cariñoso con sus nietos, y era porque ella lo quería monopolizar para ella y tener la madre que nunca habido sentido. Pero que todo había sido una ilusión.

Discusión

En este caso, la importancia de la corporeidad, de poder pesquisar los gestos sutiles de todo tipo desde el tono muscular de padres hasta respuestas de las bebas eran de extrema importancia para vincular los padres con sus bebas externas y al mismo tiempo con sus "bebes internos". Necesitaban elaborar el trauma perinatal que exacerbo fantasías persecutorias que paralizaban las funciones paternales y escindían (Split) la capacidad de reflexionar y aceptar la individualidad de las niñas. En esta plataforma digital, se pudo encontrar palabras que ayudaron a la conexión emocional y los síntomas físicos desaparecieron, con un buen apego seguro. El padre exploro en su tratamiento psicoanalítico su confusión de objetos internos que no le permitían sentir directamente los mensajes emocionales de sus hijas y su mujer.

Como resultado del corona virus dos consultas aparecieron por internet que querían ayuda no relacionadas directamente al corona virus sino a aspectos personales.

Caso 2. Hahn, 16 meses

La preocupación eran sus movimientos estereotipados y que no ejecutaba sonidos. Los padres se preguntaban si eran signos autistas. Desde China fue realizada la consulta y pudo comprobar que la madre hablaba inglés perfecto.

Lo primero que apareció en la cámara era una pieza muy oscura y una madre sentada en el piso abrazando su bebe (de 16 meses) que no la miraba ni hacia ruiditos ni balbuceaba. Me pregunto qué hacer para que el niño la mire. Le conteste que teníamos que pensar juntas que es lo que él bebe veía en su cara , quizás no le gustaba ver, su tristeza? Su soledad, tal vez su desilusión?

Se enojó conmigo porque no le dabas consejos aunque se lo había explicado con antelación que yo no daba consejos y que el espacio juntas era para pensar y sentir lo que pasaba entre ellos.

Me pregunto aún más enojada:-¿ para qué me pagaba, si no le daba lo que necesitaba? Hablamos del marido quien vino a la próxima sesión porque estaba curioso de que había cambiado a su mujer. Y al preguntarle como él había cambiado con el bebe contesto como un samurái, que los hombres no cambian , son las mujeres y me entere sobre su cultura, del deber, honor y respeto a sus antepasados. Comente que atrás de todo eso había en él un niño pequeño en el que siempre quiso ser visto por sus padres como individuo pero que nunca lo había conseguido. ¿Como podría desarrollar en él un nuevo aspecto de sí mismo? y ahora, su hijo le reactivaba su dificultad en cambiar y desarrollar un sí mismo maduro. Acompañar en el trabajo de cuidar un niño, implica conocerlo, y conocerse. Implica reconocer su mujer en su rol y a mí (el psicoterapeuta) en el mío, de ayudar a pensar que esta atrás de la tristeza y como proseguir.

Los padres empezaron a mirarse y a tocar sus manos y las del bebe, a comparar con las suyas y las de su niño, y apareció reconocimiento y alegría. Continuamos todas las sesiones en domingos, juntos los tres en el piso y yo desde mi despacho observando al niño y al niño en los padres que estaban tratando de buscar y elaborar sus experiencias negativas transferenciales y atendiendo lo que me trasmitían en la contratransferencia.

De esa manera el padre y la madre también aprendieron a observar él bebe y sus reacciones, positivas y negativas. El aspecto más difícil de este trabajo fue entender el sentido de sus silencios que culturalmente es una señal de respeto y el desarrollo del dialogo, discusión positiva y de la reflexión. Proseguimos por 6 sesiones.

Caso 3. Penélope, 7 meses

Se despierta muchas veces de noche y le cuesta volver a dormirse. Esto sucede desde hace un mes que la madre volvió a trabajar. Como la llevaban a la cama matrimonial, no duermen los padres tampoco y están exhaustos, preocupados que ninguno de los tres duermen lo suficiente.

Luego de completar la historia del bebe y de los padres (y familia) acordamos por teléfono día y hora del encuentro virtual. La madre apareció sola en la pantalla y culpándose de que no esperaba la reacción de no dormir de la beba al comienzo de su trabajo porque la cuidaba otra persona muy buena con los niños, no era ella era cierto. Quizás se había adelantado demasiado a comenzar a trabajar porque ella ya no aguantaba más y estaba llorando cansada todo el tiempo y encima el marido estaba gruñón y de mal talante.

No quiso acompañarla en la sesión porque le había dicho que era algo que ella tenía que resolver y acordamos que para problemas de sueño era importante más que nunca la presencia del padre porque es él quien la apoya o la reemplaza en la mitad de la noche. Mientras tanto podíamos hablar de sus expectativas y realidades del parto y la relación con la niña.

Su respuesta fue muy cortante que todo anduvo bien, aunque sintió más dolor que lo que esperaba, sentí que ella estaba enojada conmigo y que había un resentimiento de algo que se me escapaba.

La niña nos miraba y hacia balbuceos como si fuera conversación, se inclinaba hacia adelante como tratando de demostrar que era parte del grupo y que le conversemos. Yo me preguntaba qué nos quería decir. La madre no la miraba para nada y respondió que ella le pidió al marido que no la acompañe al parto por que se pone muy nervioso y ella prefería la compañía de su amiga.

Al preguntarle quien era esa amiga, me confeso que ella estaba enamorada de su amiga y no del marido y que cada vez era más conflictivo por eso volvió a trabajar, porque su amiga trabajaba con ella y la entendía más. La vida era más divertida y excitante con ella.

Entonces yo proseguí en el mismo tono de voz diciéndole que el conflicto del dormir parecía relacionado al no querer dormir con el marido y la beba estaba actuando sus deseos de separación de él y su confusión con respecto a no saber qué hacer. La madre explico su tendencia a

que le gusten las chicas siempre y sin embargo su marido
la había atraído por que mostraba aspectos femeninos
que a ella le habían gustado también y eventualmente le
atrajo la idea de tener un bebe.

Yo proseguía sospechosa de que había una especie de
fantasma alrededor y le pregunte si Penélope era su primer bebe y contesto que su primer bebe había muerto de
muerte súbita a los siete meses de edad durmiendo en la
pieza de al lado de ellos. Y continúo diciendo que los médicos los habían aconsejado tener otro bebe enseguida. Le
dije que me describiera el primer bebe llamado Jonatán
y ella no quería ni pensar en él, aun mas enojada. Le dije
que la podía ayudar a dormir de noche a todos pero teníamos que integrar distintos aspectos de su vida pasada
que estaba interfiriendo en ese momento en su relación
con su hija. Me empezó a gritar diciendo que no tenía
nada que ver, que le dé indicaciones de que hacer y basta.
El resto, ella podía pensar despacio sola. Le comente que
era muy doloroso. Y ella dijo que los terapeutas siempre
están complicando las cosas en vez de ayudar con guías
claras de qué hacer en situaciones complejas. Al decirle que seguramente ella había recibido consejos previamente me dijo que si y en realidad no la ayudaron nunca
pero...insistía.

Era tiempo de terminar y varios temas fueron resumi-
dos entre las dos:

El tema del dormir de la beba y que es lo que ella podía
tratar de hacer en cooperación con el marido:

Su confusión amorosa de pareja.-

*La elaboración del duelo de Jonatán que nunca había
ocurrido y ahora se estaba superponiendo a la crianza
de Penélope.*

Se fue más tranquila y volvió con el marido y habían

pensado y tratado distintas estrategias y no habían resultado, pero, a mí me intereso el aspecto positivo de su conversación y como su marido opinaba y trataba con ella de encontrar soluciones. El marido me dijo que había habido un cambio fundamental en la mama y él bebe, y me preguntaba que cómo lo había logrado. Hubo 5 sesiones más y el problema del dormir se arregló con ambos padres elaborando el duelo del primer niño y la madre decidiendo ir a una terapia individual para elaborar su problema de pareja. Penélope encontró dos padres dispuestos a cuidarla sin la proyección innecesaria del trauma que ellos sufrieron con su primer niño, y evidentemente se había aliviado de esa carga.

Discusión

En estos tres casos, en el cual hubieron 16 años de avances en la comunicación digital, desde 2004 al 2020, no hubieron diferencias en la cualidad de la ayuda psicoterapéutica.

En el caso 1, las mellizas Cielo y Estrella, yo comencé con mucha críticas de parte de mis colegas, y aunque había trabajo telefónico de psicoterapia psicoanalítica, encuentros digitales no. Sin embargo pensé que se podía tratar ya que no había otra manera de ayudar a los padres a explorar en sus mundos internos, con la presencia de las niñas.

El padre lo vivía como un castigo por su reto a la vida: una tercera esposa que eligió una mujer 40 años menor, pretendiendo el que era más joven que sus hijos y podía revertir la vasectomía para tener más niños, porque lo que tenía no le era suficiente y podía demostrarlo. El resultado lo vive como una afrenta narcisista que no puede soportar cayendo en un letargo y depresión con el que acompaña a las niñas en la unidad, sin contactarlas, sin comunicarse, sin cumplir funciones paternales (de cuidador primario), estaba pasmado, como sin ideas, y sin cerebro que funcione. Sin embargo busco tratamiento psicoanalítico. Sucedió que el psicoanalista sugirió más recursos psicoanalíticos para la familia, integrar lo antes posible las bebas al mundo de los humanos mientras el trabajo individual continuaba y encontrar medios que las estimulen en su lucha por sobrevivir, encontrando padres activos e interesados que las acepten con sus problemas y ganas de vivir.

Sucedió que la madre de las mellizas, Cielo y Estrella, aparecía totalmente ausente, no había soportado estar presente en la unidad de cuidados intensivos, le disgustaban seres tan pequeños, feas y que no parecían humanas. Pensó de que el padre se encargue de las bebas, por que él si sabe de niños y hasta de ella como una niña mañosa que no le salió tan bien la jugada, de casarse con un "sugar daddy" (papito de azúcar, que da y permite todo). Con las herramientas psicoanalíticas se pudo contener y transformar la primera percepción de su realidad, que la vida no es totalmente lo que planeamos sino también lo que no planeamos y aparece para enriquecerla o destruirla según como se lo tome.

Y el lento camino de la contención emocional comenzó, dificultada por la transferencia de una madre mala y abandonante en donde ella como bebe se sintió desalojada de su regazo y de los pechos cálidos que nunca pudo recuperar. Este pequeño "insight" hallazgo, en la madre produjo un cambio extraordinario, considero que yo la podía querer y ayudar aunque las sesiones fueran solo una vez por semana. Se sintió como tocada internamente y formo una alianza terapéutica con una transferencia positiva y fuerte casi idealizada. La contratransferencia tenía que ejercer una continua vigilancia de no ser absorbida por el discurso narrativo y/o la conducta de la madre solamente y entonces había que estar muy atenta y aclarar el panorama para volver a las bebas que quedaban olvidadas. Repetía como ella se había sentido cuando su madre, embarazada inmediatamente después de su nacimiento se ocupó y fue absorbida por sus hermanas mellizas. Repetía con sus hijas lo que le había sucedido a ella. El trabajo consistió en   integrar a las bebas y que ella entendiera que eso era lo que hubiera querido que su madre hubiera hecho con ella, que la pueda ver, registrar.

Constantemente reprochaba lo que perdía en vez de lo que ganaba pero a través de la pantalla pudimos ir pescando gestos y comportamientos de las bebas: sus pequeños murmullos, balbuceos, expresiones y esfuerzos en demostrar que estaban presentes y que querían contacto, comunicación con ellas, y ser diferenciadas, no solo las mellizas sino Cielo y Estrella, sus nombres, sus personas, sus gustos, sus necesidades.

Las resistencias y defensas aparecían reiteradamente en el trabajo y se podían hablar a pesar de los sentimientos negativos fuertes que las sostenían, porque pienso que en el fondo querían y necesitaban el trabajo a realizarse, y querían tener una unidad familiar donde se podían sentir seguros y queridos. Y a través del VoIP (Voice over Internet Protocol). se pudo lograr eso.

En el caso 2, Hahn, lo que era el motivo de consulta que preocupaba a la madre era el retraso en la adquisición de capacidades pero lo que se imponía era la depresión de la madre que parecía sumergida abajo el agua con su bebe. Necesitaba ser comprendida en su aislamiento y depresión y ella necesitaba entender lo que la empujo a esa situación y ser capaz de conectarse con su bebe. Ella me había buscado personalmente por el internet, ella insistió en adaptarse a lo que yo necesitaba para sacarla de ese pozo y la transferencia de su conflicto humano y cultural la abrumaba. Como esposa no podía pedirle al marido compañía si le daba dinero, y me puso a mí en la coyuntura de darles ideas que venían de otro país y cultura. El padre se pudo incorporar en la segunda sesión porque evidentemente sentía curiosidad hacia la persona que estaba cambiando su situación familiar tan rápido. La madre empieza a poder crear un espacio interno que permite reconocer a su propio padre edípico y de esta manera puede hacer espacio en la relación de pareja para que el padre se relacione con su hijo (Ogden 1987).

El terapeuta tiene que acomodar la posibilidad de que el padre este en el meeting usando el día de descanso, el domingo, y el padre transfiere a la terapeuta un super-yo rígido y crítico que no puede identificarse con el proceso intimo del ser padre y acompañar a la madre. Desarrollar empatía lo ve como un enemigo de su cultura, y le da miedo y rabia.

Su preocupación previa a mi primer encuentro con su mujer era de como ella había cambiado de la mujer científica que conoció y quiso, a la madre que ahora aparece. Pudimos empezar a analizar lo que el proyectaba en la experiencia de lo que era ser madre y padre en Vietnam y sus idealizaciones y miedos.

El trabajo virtual permitió relajarse y sentir la distancia y la comodidad de además de ser vistos en sus casas y a la hora que le venía bien a él, les permitió darse cuenta que es una modalidad diferente donde no hay jueces sino un espacio para rebelarse o aun enojarse pero que sobre todo descubren nuevas formas de pensar y reflexionar.

El hecho de que era en la pantalla, un medio digital de relacionarse creo un espacio diferente, donde se trabajó como si se estuviera en el consultorio y se sienten las reacciones tan vívidamente como en la realidad presente pero se modifican por el hecho de que se "lo permiten" como un espacio ficticio que se vuelve real.

Como mantiene Oromi (2014) la comunicación por video conferencia revela nuevos aspectos sutiles al tratamiento . Bayles (2012) y Schore (2006a) agregan que se explica que suceda a través de nuestro sentido propioceptivo que nos informa inconscientemente de factores muy interesantes a preguntar o percibir en la entrevista entre otros.

Como lo evaluamos, depende de cada terapeuta, yo tengo una escala de observación de las conductas que se observan en el bebe y separado que se observan en la madre en la primera sesión y las reacciones del terapeuta. Al final del tratamiento se observa y completa la escala de observación nuevamente y se compara.

En los 3 casos presentados aquí, se mejoraron los comportamientos defensivos del bebe y de los padres, logrando el apego seguro. La experiencia contratransferencial indicaba el camino a seguir para resolver los obstáculos en la conexión y comunicación entre los principales actores del problema y se fueron resolviendo. Los pensamientos espontáneos contratransferenciales (Racker 1988) aparecen unidos a la experiencia de ese momento y guiando la exploración de los temas a resolver.

El hecho que fuera virtual pienso que a veces es una ventaja más, porque, el paciente siente la lejanía como muy especial al obedecer a un deseo mágico de atraer a su terapeuta a su casa y sin embargo no está físicamente allí sino a través de una pantalla que con un clic de la computadora lo puede terminar y empezar. Entonces creo que le da al paciente la ilusión de que son sus objetos internos que se pueden relacionar mejor y parecería que tienen más libertad en recordar sueños y decir todo lo que les pasa por la cabeza. Aunque existen estos aspectos positivos, no lo reemplazaría jamás a una entrevista presencial en el cual tenemos otros elementos que estamos acostumbrados. No digo ni de que son menos o más, son diferentes. En lo presencial, está la corporeidad, el tamaño de la gente, el olor, el conjunto del consultorio y la libertad de moverse más y mostrar de muchas otras maneras lo que está pasando, pero en el encuentro virtual esta la esencia destilada en una expresión verbal, facial o corporal.

El tercer caso, Penélope, trajo aspectos interesantes como la impresión fantasmagórica trasmitida de manera virtual, del muerto que no pudieron duelar, y los otros aspectos conflictivos en los que la psicoterapia con bebes y sus padres tienen sus limitaciones. ¿Nos preguntamos: si hacemos escuchar a los niños los conflictos personales de los padres, y aun mas, previos a ellos es ético? Es muy posible que la madre haya venido de gusto sola para mostrarme todo lo que la afligía y ver si yo me inundaba, confundía todo como ella, o podía pensar, discriminar poner orden en su mundo interno y sus representaciones. Cuando en la entrevista se ordenó el trabajo a realizar y nadie se hundió en la miseria o en salidas maniacas, la dinámica de las relaciones interpersonales se agilizo y pudo ayudar a cambiar.

Conclusión

En suma, me parece que el método virtual a través de VoIP (Voice over Internet Protocol). (Skype, Zoom or Face-Time u otros) pueden usarse satisfactoriamente y mejor que el teléfono para ayudar a bebes en dificultades y sus padres. Se puede ver y sentir la atmosfera tanto como los datos de la corporeidad de los padres y del niño con su presencia física, conocimiento implícito y la percepción sensorial y a su vez ellos pueden también ver la respuesta corporal que se suma positivamente a la interpretación verbal del Psicoterapeuta.

Y con respecto a la crítica de la deformación que ocurre a través del VoIP (Voice over Internet Protocol). y a los problemas de internet debido a la transmisión más lenta de palabras y movimientos puede ser contrarrestada con los elementos positivos que puede aportar lo que se puede ver y apreciar del paciente y lo que le aportamos al paciente con nuestra comunicación corporal. Scharff (2012), Shore(2006a). Lo que se puede discutir es si el teléfono con la falta total de corporeidad es mejor. Y es aquí donde hay que encontrar un compromiso y hablarlo, porque en el trabajo con niños y bebes puede ser frustrante que la voz aparezca cortándose todo el tiempo en algunas sesiones y que se tenga que cambiar de sistema operacional o combinarlo con el teléfono y video, pero es conversando las limitaciones que se puede trabajar con las ventajas y la versatilidad que a veces se requiere para construir un puente con el paciente que sea productivo. Por qué poder tener la corporeidad de los pacientes, (padre, madre y bebe y hermano),es muy útil. Porque captamos la comunicación inter-corporal que está basada en la comunicación intra-corporal de cada uno con la capacidad multimodal personal y única que existe desde el neonato hasta el adulto y que es fundamental para la comunicación empática entre las personas. Gallagher (2005).

Se puede así comprender como la corporeidad transmite mediante pensamientos espontáneos que aparecen en le contratransferencia y guían hacia aspectos inconscientes traumáticos que afectan los síntomas que traen el-los pacientes.

Referencias

Acquarone, S.M. (2007). Infant Parent Psychotherapy, a Handbook. Karnak, London-New York

Bayles,M.(2012). Is Physical Proximity Essential to the Psychoanalytic Process? An Exploration Through the Lens of Skype?. Psychoanalysis Dialogues, 22:569-585.

Beebe, B., Knoblauch, S., Rustin, J., and Sorter, D., (2003). Introduction: A system view. Psychoanalytic Dialogues, 13, 743-775.

Bion, W.R. (1965). Transformaciones. 1-172, Tavistock, London

Leffert, M. (2003). Analysis and psychotherapy by telephone: Twenty years of clinical experience. Journal of the American Psychoanalytic Association, 51, 101-130.

Lindon, J.A. (2000). Psychoanalysis by telephone. In J. Aronson (Ed.), The use of the telephone in psychotherapy (pp. 3-13). Northvale, NJ: Aronson.

Lipton, S.D. (1988). Further observations on the advantages of Freud's technique. The Annual of Psychoanalysis, 16, 19-32.

Miller, W. (1973). The telephone in outpatient psychotherapy. American Journal of Psychotherapy, 6, 353-368.

Ogden T.H (1987). The transitional oedipal relationship in female development. Int. J. Psycho-Anal. 68: 485-98.

Oromi, I.(2014). Revista Catalana de Psicoanálisis , vol. XXXI, núm. 1, 2014.

Racker H. (1988). Transference and Countertransference. The International Psycho-Analytical Library 73:1-193 London: The Hogarth Press and The Institute of Psycho-Analysis

Robertiello, R.C. (1972). Telephone sessions. Psychoanalytic Review, 59, 633-634.

Saul, L.J. (1951). A note on the telephone as a technical aid. Psychoanalytic Quarterly, 20, 287-290.

Schore, A.N. (2005). Back to basics. Pediatrics in Review, 26(6), 204-217.

Schore, A.N. (2006a). Neurobiology & attachment theory in psychotherapy: Psychotherapy for the 21st century [CD]. PsyBC Conference – Lecture 1.

Siegel, D.J. (1999). The developing mind. New York, NY: Norton.

Sehon, C. (2013). Teleanalysis and Teletherapy for children and adolescents, chapter 17, (209-232) Psychoanalysis Online 2 Impact of Technology on Development, Training, and Therapy Taylor and Francis Group, Edited Jill Savege Scharff. Karnak London New York

Spitz R. (1947).: Film "Grief, a peril in Infancy" Youtube, (Duelo, un peligro en la infancia)

Stella M.Acquarone, Ph.D.

es Psicoterapeuta psicoanalítica de Adultos y de niños. Fundasdora
(en 1990) del Parent Infant Centre que incluye Parent Infant Clinic y
la School of Infant Mental Health, la primera formación de psicoterapia psicoanalítica para Padres e Infantes y niños pequeños acreditada
por el United Kingdom Council for Psychotherapy, UKCP en la sección
Psicoanalítica, CPJA. En el 2006, fundo la >International pre-Autistic
Network IPAN, una beneficiencia internacional basada en Londres. Basada en Londres ella ha trabajado por 32 años en el Nationasl Health
Service NHS and privadamente, siendo una pionera en el campo de
Psycoterapia psicoanalítica Parento Infantil, creo la fundación sobre
su practica y formación. Academica, clínica y profesora, organizadora
de conferencias, investigadora y autora de 5 libros Infant Parent Psychotherapy: A Handbook for Professionals, Signs of Autism in Infants:
Recognition and Early Intervention, Changing Destinies: The ReStart
Infant Family Program for Early Autistic Behaviours (todos publicados
por Karnac) and Upalala, Ayudando a los que ayudan, escrito en caste-
llano y publicado por Lumen acerca de la contención de las ansiedades
en los profesionales que trabajan con la primera edad y sus padres.
Investigación en autismo temprano la hizo crear un método intensivo
y multidisciplinario temprano llamado Re-Start para el tratamiento
de los comportamientos autistas tempranos.En este momento es la
Principal del Parent Infant Centre:
  www.infantmentalhealth.com

Capítulo 3
Psicopatología y abordaje Institucional en tiempos de Covid-19

Hebe Abrines
Ignacio M. Sanvittori
Directores de la
Clínica Privada Abrines

Nos parece importante en primera medida orientar al lector, en relación al lugar desde donde se escriben estas líneas. *La Clínica Abrines* trabaja desde hace 62 años, por la Salud de las personas y grupos familiares con padecimientos mentales. Es esta una Institución de alta complejidad, que da respuesta a todo tipo de trastornos psicopatológicos. Teniendo en su Servicio de Internación específicamente la misión de trabajar en momentos agudos de descompensación.

Durante estas seis décadas fue fundamental la incorporación de los nuevos avances de las neurociencias y la psiquiatría, así como también de las diferentes corrientes psicológicas que nos ayudan a entender y a pensar a nuestros pacientes. Tal es así que la modernización y la adaptación son para nosotros una constante. No obstante, el escenario actual en relación a la Pandemia de COVID-19, nos pone una vez más frente a la necesidad de adaptarnos, pero en este caso de manera abrupta y teniendo que lidiar con los miedos de nuestros pacientes, de nuestro personal sanitario y los propios. Es una tarea que demanda mucho esfuerzo, pero que estamos encarando con la responsabilidad que nos toca a quienes decidimos dedicar nuestras vidas al cuidado de la Salud de los otros.

Esta Pandemia genera la reactivación de muchos cuadros psicopatológicos, en especial en personas que han padecido determinadas situaciones traumáticas que han marcado su vida. En esas reactivaciones aparece el desborde de la angustia y de los actos, que responden a fantasías en general de tipo paranoide, y suelen ser tan avasallantes para el psiquismo, que siguiendo a Bion, necesitan de un marco que les de un continente a esos contenidos de ideas enloquecedoras. Muchas veces en este sentido la palabra del analista no es suficiente. Y se necesita de un continente ampliado, valiéndose de un equipo que trabaje colaborando para lograr la elaboración de esos contenidos. Es aquí cuando aparece el dispositivo de Internación en un contexto Institucional. Este va a ir operando desde diferentes áreas. Contamos con el abordaje psicoterapéutico, pero en muchas oportunidades se necesita de un esquema farmacológico, así como también de espacios terapéuticos grupales y talleres, donde el paciente va expresando sus angustias y sintiendo que está en un lugar a salvo de la consecuencia de sus propios pensamientos o de sus propios actos.

En respuesta a esta particular situación sanitaria que está viviendo el mundo, la Clínica Abrines adoptó una serie de medidas preventivas, en todos sus ámbitos de funcionamiento, para proteger a los pacientes, ya no sólo de sus problemas psíquicos, sino también de la amenaza de problemas infecciosos.

Como eje rector, se tomaron en consideración las "Recomendaciones para la atención de personas internadas por motivo de salud mental, en establecimientos públicos y privados, en el marco de la pandemia por Coronavirus", dictadas por la Dirección Nacional de Salud Mental y Adicciones, a cargo del Dr. Hugo Barrionuevo.

"Dichas acciones tienen por fin la prevención y contención de la expansión de la infección por Coronavirus atendiendo la garantía de continuidad en el cuidado y respeto de los derechos de las personas con padecimiento mental."

"Los criterios para el abordaje y prevención del COVID-19 no deben implicar un retroceso en el trato respetuoso y digno de las personas internadas. A la vez las pautas de prevención y detección temprana tienen por finalidad proteger la salud de los pacientes como también del personal y equipos de salud en su conjunto."

Medidas Generales

Como primer concepto es importante restringir al máximo la entrada y salida de personas a la Institución, ya que quienes vienen desde afuera pueden ser vectores de contagio. Por lo tanto todos los tratamientos ambulatorios fueron sujetos de modificación:

- Suspensión del Servicio de Hospital de Día
- Suspensión de las Reuniones Multifamiliares
- Todos los tratamientos de Consultorios Externos (psiquiatría, psicología y psicopedagogía), pasaron a ser de modalidad virtual: videollamada y telefónica.

En aquellos casos donde el ingreso a la institución sea inevitable, este es el caso de urgencias, el ingreso de personal sanitario que trabaja diariamente o proveedores, se tomaron las siguientes precauciones:

- Control de temperatura al ingreso
- Control de saturación de oxígeno al ingreso
- Obligatoriedad de ingresar utilizando tapabocas.

• Limpieza de manos con alcohol en gel

Medidas respecto del personal y profesionales

• Se otorgó licencia sanitaria a :
• Mayores de 60 años
• Embarazadas
• Personas en grupos de riesgo (Asma, Hipertensión, Diabetes, EPOC, Inmunosuprimidos)
• Obligatoriedad del uso de tapabocas o barbijos
• El ambo debe utilizarse solamente dentro de la institución (no se puede viajar con el ambo puesto)
• Deben lavarse las manos a cada momento
• Se deben limpiar las mesas, escritorios, sillas, picaportes y pasamanos cada media hora, con una solución al 70% de alcohol y 30% de agua.
• Se entregó un Kit sanitario para que todos lleven a su domicilio

Respecto de los Ingresos de Internación:

Nuestro compromiso ético hace que no podamos dejar de brindar atención médica a los pacientes que lo necesitan, por lo que continuamos ingresando pacientes al Servicio de Internación, pero con algunas restricciones:
• No se ingresan mayores de 65 años
• No se ingresan pacientes con sintomatología respiratoria
• No se ingresan pacientes que hayan estado de viaje por zonas endémicamente comprometidas

Medidas dentro del Servicio de Internación:

• Todos deben respetar el distanciamiento social de 1,5 metros

• Las actividades grupales se realizan, en la medida de lo posible, al aire libre en el Parque de la Institución

• Diariamente se chequea la temperatura y la Saturación de oxígeno de los pacientes

• Se suspenden las visitas y las salidas

Para contrarrestar esta restricción se aumentó la cantidad de veces que el paciente puede llamar a sus familiares y pueden hacer videollamadas para establecer contacto con ellos.

• Aquellos pacientes que están en condiciones, son enviados a cumplir la cuarentena a su casa.

Protocolo de casos sospechosos:

• Criterio 1: Fiebre (37,5 o mas) + uno o mas de los siguientes síntomas: tos, odinofagia, dificultad respiratoria, anosmia/disgeusia

• Criterio 2: Paciente con diagnóstico de Neumonía

• Criterio 3: Paciente con anosmia/disgeusia, de reciente aparición y sin etiología que lo explique

En cualquiera de estos casos se aislará al paciente y se llamará inmediatamente al 148.

Al incorporar toda esta nueva dinámica, nos hemos encontrado con las dificultades y resistencias propias de todo proceso de cambio, máxime cuando se plantea de manera imperiosa y debe ser logrado en tan poco tiempo. Esto sumó diariamente nuevas situaciones a resolver. Fue fundamental la comunicación entre las diferentes áreas para que toda la Institución funcionase al unísono.

Respecto de la interacción con los otros:

Tomó en este tiempo mucha relevancia el concepto de "contagio". En primer lugar en relación al contagio infeccioso, del COVID-19; donde hubo que ver cual era el lugar del eventual caso sospechoso, y donde se colocaba el otro. Aparecieron actitudes de huida, de discriminación, de ataque o de solidaridad. Esto nos interpeló a todos en tanto profesionales, trabajadores, compañeros, amigos o familiares.

En segundo lugar, el "contagio" del componente ansioso o paranoide. El manejo de la información por parte de la prensa y las redes sociales, llevaron en muchos casos a la desinformación y a la desestabilización de cuadros psicopatológicos de base. Es fundamental ajustarse a la información oficial única. Y así y todo tolerar la incertidumbre. No es tarea fácil. De hecho, es muy dificil... y en el Servicio de Internación se trabaja para que esa sea una tarea conjunta, algo entre todos.

Se da entonces un fenómeno llamado "Aislamiento Comunitario". Se trata de una población que está en ese momento internada, lo cual implica un aislamiento respecto del afuera. Hemos visto que, en comparación con pacientes que están aislados en sus casas, aquellos que están en Aislamiento comunitario no sufren tanto los efectos de la cuarentena impuesta por la emergencia sanitaria, ya que el sentimiento de soledad que esto implica, se ve altamente compensado al compartir su tiempo y espacio con el resto de los pacientes y con un equipo terapéutico que los cuida, acompaña y sostiene; en un entorno de protección.

Aislamiento Social Preventivo Obligatorio y sus efectos:

El 20 de marzo de 2020, se estableció el Aislamiento Social Preventivo Obligatorio, mediante un decreto que dispuso el Gobierno. La situación del aislamiento de las personas en sus casas, sin el contacto físico de sus seres queridos y sin poder acudir a lugares de referencia y pertenencia, los enfrenta a la sensación de abandono, que es un gran factor de desestabilización psíquica.

La fundación INECO, ha planteado que 1 de cada 3 argentinos ha desarrollado síntomas de ansiedad y depresión por la cuarentena. La revista científica *"The Lancet"*, publicó un artículo en el que se hace una revisión del impacto psicológico de la cuarentena. La mayoría de los estudios reportaron efectos psicológicos negativos incluyendo síntomas de stress post traumático, confusión, insomnio, desapego, frustración e ira. Entre los estresores se destacaban la duración de la cuarentena, el miedo a infectarse, frustración, aburrimiento, falta de suministros, información inadecuada y problemas financieros.

Teniendo en cuenta esta nueva realidad, es importantísimo que esta población en aislamiento pueda continuar con sus tratamientos psicoterapéuticos o bien comenzar uno nuevo de ser necesario. Como se dijo anteriormente, el equipo terapéutico de la Clínica, está atendiendo a todos los pacientes ambulatorios de manera virtual. Si bien la modalidad de consulta online a distancia ya existía como prestación que brindaba la institución para pacientes que vivían en zonas alejadas o para pacientes que viajaban constantemente; en este nuevo contexto pasó a ser la única modalidad posible. Por lo que se tuvieron que adaptar los servicios informáticos, de telecomunicaciones y administrativos para poder hacer más eficiente el servicio prestado.

La telemedicina, las consultas virtuales, la relación con el paciente, el establecimiento de la transferencia y la técnica utilizada en este abordaje, fueron temas que se habían empezado a escuchar en congresos de la especialidad hace unos años. Hoy los profesionales y las instituciones nos vemos con el tema en plena vigencia.

De esta manera logramos tratar a gran parte de la población. No obstante, la modalidad online se presenta menos accesible para los mayores. Son personas que generacionalmente están más lejos de la tecnología. A esto se le suma que son quienes deberán permanecer por más tiempo aislados por ser la población de mayor riesgo de desarrollar complicaciones graves si se contagian con COVID-19. Tenemos entonces que actuar en otro sentido. Debemos concientizar y trabajar con las familias para que ese aislamiento no sea vivido como una situación de abandono. Por lo que será fundamental la asistencia del grupo familiar, para proveer suministros, establecer medios de contacto a distancia y lograr el mayor acercamiento empático y afectivo posible. Estimular el altruismo en las familias, las ayuda mucho a desarrollar conductas prosociales.

Enfatizamos la importancia de trabajar especialmente con los con niños y adolescentes. Al no poder concurrir normalmente al colegio, el niño pierde un importante lugar de pertenencia, de aprendizaje, de esparcimiento y de interacción con pares. La dinámica dentro de la casa, cambia abruptamente. Es importante explicar con palabras simples la situación a los niños y adolescentes, haciendo hincapié en que es temporal y se deberán hacer algunos cambios en la rutina durante un tiempo. El vínculo con las pantallas de la televisión, las consolas de juego y los celulares se torna hiperpresente, en lo contextos sociales donde es posible. Es fundamental asesorar a los padres, para que prioricen las horas de juego y recreación, y establezcan momentos determinados para las otras actividades: atender a las clases vituales, hacer la tarea, jugar con pares, usar las consolas de juego o ver televisión. Sostener el ritmo cotidiano ayuda a estructurar el aparato psíquico.

En niños con cuadros psicopatológicos severos, es fundamental que puedan continuar con sus tratamientos. En estos casos es necesario y está contemplado en el decreto nacional respecto del Aislamiento Social, que el niño pueda salir de su casa por 2 horas diariamente acompañado por un adulto responsable.

Finalmente, aclaramos que este escrito fue confeccionado en pleno período de pandemia. Por lo que lógicamente en las semanas subsiguientes, la Clínica deberá continuar haciendo modificaciones. El dinamismo es la constante en estos momentos. Debemos estar atentos al comportamiento del virus en nuestro país, pero principalmente estar con el foco puesto en las repercusiones afectivas y emocionales que esto provoca en nuestros pacientes, para poder transformar nuestra práctica y brindar la mejor respuesta posible.

Bibliografía:

Brooks Samantha, Webster Rebecca, Smith Louise, Woodland Lisa, Wessely Simon, Greenberg Neil, *"The psychological impact of quarantine and how to reduce it: rapid review of the evidence"*, The Lancet, February 26, 2020

"Recomendaciones para la atención de personas internadas por motivo de Salud Mental, en establecimientos públicos y privados, en el marco de la pandemia por Coronavirus (COVID-19)", *Dirección Nacional de Salud Mental y Adicciones*, Ministerio de Salud de la República Argentina. Marzo 2020

Manes Facundo, Fundación INECO, "El aislamiento social", LinkedIn, Abril 2020.

Dra. Hebe Abrines

Médica Psiquiatra
Psicoanalista. Miembro Titular en función didáctica de la Asociación Psicoanalítica Argentina y de la IPA
Especialista en Niños y Adolescentes.
Presidente de la Clínica Privada Abrines, especializada en Psicopatología.
Miembro integrante del Departamento de Niños y Adolescentes de APA.
e-mail: hebeabrines@yahoo.com.ar

Dr. Ignacio M. Sanvittori

Médico. Especialista en Psiquiatría Infanto juvenil y Adultos.
Prof. de la Universidad del Salvador.
Director Médico de la Clínica Privada Abrines.
e-mail: ignaciosanvittori@hotmail.com

Analizando a una niña
a través del cyber-espacio

Alicia Szapu de Altman

*"La obra de Winnicott plantea (...) la cuestión del futuro del psicoa-
nálisis. Por un lado, si mantiene con rigidez su postura clásica, el
psicoanálisis tal vez se aferre a un cadáver embalsamado y tieso
(...). La alternativa es un psicoanálisis que renovándose periódica-
mente, trate de extender su campo, repensar sus conceptos hasta la
raíz, exponerse a la autocrítica..."*
André Green

1. Introducción

La clínica psicoanalítica nos enfrenta a desafíos epocales, los medios hiper-modernos de comunicación burlan
las distancias espaciales transformándolas en tempora-
les.

En el siglo XXI el borde entre lo virtual y lo real se des-
dibuja, pero acaso: ¿no dotamos también de virtualidad
al campo analítico cuando nos sumergimos en un espacio
que sin pertenecer al adentro ni al afuera, está ahí, expe-
rimentándose?

Los formatos vinculares están cambiando potenciando códigos paradojales. Hoy podemos tener presencia estando lejos, la actualidad de dos cuerpos compartiendo
un espacio real no garantiza encuentro ni continencia y
categorías tradicionales como cercanía o lejanía van mutando de un status espacial a otro temporal.

Es en este mundo de paradojas exacerbadas donde el

psicoanálisis debe situarse y solo podrá hacerlo redefiniendo sus abordajes técnicos lo cual no invalida sostener firmemente sus principios fundamentales.

Mucho se ha hablado del psicoanálisis a distancia con adultos y también con adolescentes. En este caso quiero compartir con ustedes una experiencia que me ha atravesado sin haberla buscado, llegó a mi como un "objeto creado-encontrado": fui convocada desde los países nórdicos para analizar a una niña de 5 años, Ana.

Ana es hija de madre Sueca y padre Argentino, la familia está radicada en Suecia y la niña es bilingüe.

La participación de los padres en el tratamiento comenzó siendo intensa, en un principio la pensé necesaria a los fines del manejo de la computadora y la video cámara, pero el transcurrir de las sesiones fue develando el sentido latente de estas presencias.

Expondré en este escrito un resumen del caso y viñetas clínicas que dan cuenta del uso del "juego" en sesiones a distancia.

Veremos también cómo algunos momentos resistenciales surgidos durante el tratamiento se deben a fantasías emergentes del campo analítico y no al instrumento utilizado.

Navegar con una niña de 5 años a través de un cyber espacio terapéutico, crear un encuadre donde el intercambio y la comunicación lúdica sean tan operativos como el espacio tercero creado en el consultorio es una innovación propuesta por los tiempos actuales.

Espero me acompañen y ayuden a repensar esta experiencia.

2. La clínica

a) Una llamada imprevista

Recibo una llamada por whatsapp, es del exterior. Una voz masculina pregunta si atendería a distancia a una niña de 5 años. La comunicación provenía de Suecia y hablaba el padre de la niña (argentino).

El pedido me sorprendió e inquietó. Primero lo pensé imposible, ¿cómo podría instrumentar una técnica de juego a través del cyber-espacio?; luego intenté abrirme a lo nuevo y dije ¿por qué no?, durante años he jugado manteniendo un vínculo lúdico y de confianza con nietos que viven en el exterior.

También pensé en Winnicott, en su capacidad creativa y flexibilidad técnica. Decidí entonces, embarcarme en esta tarea señalándole a los padres que la iniciaríamos a modo de prueba. Supe desde el comienzo de la innovación propuesta, que había algunas constantes que era imprescindible sostener:

• Un sólido encuadre interno basado en teorías que lo sustenten

• Y ciertas condiciones que debería pautar con los padres a modo de estructura enmarcadora externa.

A este inicio le sucedió un psicodiagnóstico a distancia; entrevistas con los padres, horas de juego, devoluciones y comienzo de tratamiento.

b) Algunos datos extraídos de las entrevistas con los padres.

Ana es hija de padre argentino y madre sueca, el padre

(P) traduce a y para la madre (M) quien no habla fluidamente español, pero entiende (en ocasiones los tres nos comunicamos en inglés).

Argumentan como motivo de consulta: "dolores de panza, dificultades para conciliar el sueño", temores a (vomitar, a la oscuridad y a no ser querida por sus pares). Dicen observar en ella una marcada alternancia entre actitudes de sumisión y manipulación.

Frente a la pregunta de por qué se han inclinado por buscar una terapeuta a distancia, señalan su disconformidad con las terapias nórdicas, las describen como operativas y superficiales.

Ambos padres provienen de familias donde han imperado enfermedades físicas y psíquicas.

El padre (P), tiene una modalidad maníaca dice: "Piensan que soy negador y omnipotente, pues siempre me propongo objetivos altos e imposibles que otro no abordaría, pero yo los alcanzo".

Padece de prosopagnosia, enfermedad que consiste en la inhabilidad para reconocer caras y/o personas.

Vive en la Argentina hasta su graduación como historiador del arte. Se analiza casi ininterrumpidamente durante su infancia y adolescencia.

Su familia de origen presenta fuertes tendencias a la repetición, se reduplican transgeneracionalmente, tanto logros materiales que incluyen el uso de la innovación y la creatividad, como rupturas matrimoniales seguidas por rearmados de pareja que comprenden a uno de los cónyuges con un íntimo amigo del anterior.

También se ha observado la imperancia de rasgos maníaco-depresivos en sucesivas generaciones.

La madre (M), se dedica al arte. Es excesivamente crítica de si misma. Evita ser el centro de situaciones y tiende a ocultar sus sentimientos.

Su infancia y adolescencia estuvo marcada por una madre "agradable pero muy enferma" a quien (M) maternó y por un padre "rígido y alcohólico".

Dice de sí: "...dentro mío tengo cosas que no comparto, soy otra de lo que la gente piensa, es un trabajo para mi mostrar quién soy. Mi expresión y mi interior no siempre tienen conexión" . Agrega: "...muchas veces no entiendo que le pasa a Ana, no se como actuar...cuando consulté me dieron para que lea un libro...".

(P) y (M) se conocen en Suecia y luego de algunos años de encuentros y separaciones (por becas y maestrías) deciden casarse. Poco después nace Ana y año y medio su hermano Uzi.

Quisiera aclarar que las entrevistas con los padres se realizaron por face-time y que este medio no presentó dificultad. Se llevaron a cabo en horarios previamente fijados, yo sentada en el escritorio de mi consultorio y ellos siempre en el mismo sillón en el living de su casa. Los horarios convenidos, eran aquellos en que los niños estaban en la guardería- jardín.

c) Primer contacto con Ana

Quisiera aclarar que al convenir el encuadre con los padres les solicité que Ana tenga a su disposición juguetes y material gráfico, pedí que estos sean equivalentes a los que utilizamos para cualquier hora de juego diagnóstica y/o terapéutica. Por mi parte, preparé una caja de materiales tal como si esperase a un niño en mi consultorio. Aclaré que la hora duraría 50 minutos y que por razones de manejo de la tecnología deberíamos contar con la ayuda de un adulto. No especifiqué quién, pensé que sería un dato a tener en cuenta.

A la hora de convenida recibo el llamado.

Ana está sentada en el piso, su padre en el sillón que ya conocí.

Dice P que Ana no quiere hablar, esta descalza. Me presento y le pregunto si sabe porqué nos estamos comunicando. La niña permanece en silencio. Le digo que intentaré entender. Espero. Al cabo de unos minutos pone la planta de su pie frente a la cámara, no puedo ver. Especularizo su accionar colocando el pie desnudo de una muñeca frente al lente.

Jugamos, ella mueve su pie y yo el de la muñeca. Luego de algunos minutos hago aparecer un "títere princesa" que dice: "caminé mucho, mucho...estoy cansada" . (La hora de juego se llevó a cabo al regreso del jardín).

Ana dice: "...yo también y después tengo football".

Trae un títere, es un palo pequeño con una silueta de cartón pegada a la que le falta la cabeza. Agrega: "...hoy estuve con otra maestra, de otro grado".

(P) aclara: "Aquí la ideología es que la gente es intercambiable, es representativa de un rol, este vale más que una persona".

Ana le pide al padre que la ayude a colorear de celeste y a dibujar

P: dibuja un pez (delfín)

A: dibuja una ballena

Ana le dice al padre donde poner cabeza y donde la cola

P: "Papá no sabe dibujar"

Ana dibuja, pinta y dice "los peces chiquitos hablan, son los hermanitos, la mama delfín salta, el papá ballena nada". Le dice en secreto al padre "vamos a sacar una foto". Es para enviármela.

Terapeuta: "Empezamos a conocernos y comunicarnos".

Revisitando el primer contacto con Ana.

Si bien en Suecia es común no usar calzado en el interior de las casas, inferí que a través de su pie desnudo Ana creaba un espacio de comunicación. Mostraba al tiempo que ocultaba parte de sí y del ambiente que la rodeaba. Intenté reflejar su silencioso mensaje. Pensé ¿habrá querido mostrarme su carencia, su necesidad de soporte, su anhelo de despojarse de algunas propuestas identificatorias?

Tal vez, la princesa de la casa estaba expresando su exigencia y esfuerzo. Su discurso-lúdico lo confirma: trae frente a la cámara un títere sin cabeza, ¿tendrá que sofocar parte de su identidad para asumir identificaciones asignadas?, ¿estará demandando reconocimiento, miradas que reflejen su mismidad?, ¿sus temores, no estarán expresando la angustia frente a exigencias transgeneracionales actualizadas? (La cambiaron a un jardín que satisfizo con creces las expectativas parentales).

P ayuda a comprender los fantasmas de Ana cuando dice: "Aquí la gente es intercambiable, el rol vale más que una persona".

El pedido de Ana a su padre (que la ayude a dibujar y colorear) metaforiza una demanda: que la ayude a describir la conformación familiar. A P le cuesta dice que no sabe dibujar (es artista plástico). Perfilar familias le es difícil, su propia familia de origen es complicada. Sin embargo, lo intenta, dibujan entre ambos pececitos que al igual que Uzi, hablan. Una mamá delfín que salta alejándose y acercándose intermitentemente y un papá ballena

que debe agrandarse omnipotentemente para evitar la
"nada". Otras veces P necesita refugiarse del entorno (se
encierra en su estudio argumentando tener trabajo), qui-
zá para no perder la comunicación con su verdadero ser.

Ana cuenta acerca de su entorno y su mundo interno.
Esta exigida, siente que debe "crecer a los saltos" como el
delfín cargando con pesados mandatos transgeneracionales (semiesferas sobre las espaldas del delfín y la ballena)
y necesita espacio y tiempo par ser contenida, para crecer
a su ritmo, auténticamente (ballena en el agua).

Para no ser "nada" debe tener una mirada que la refle-
je.

En esta comunicación en la que Ana cuenta acerca de
su problemática narcisista vemos también el despliegue
en acto de sus fantasías edípicas positivas.

Ciertas características detectadas a partir del uso de la video–cámara

Frente a esta modalidad técnica he tenido que pregun-
tarme no solo acerca del sentido de la sintomatología de
Ana, sino también acerca de algunas particularidades que
devienen del instrumento empleado.

He observado que:

• Siempre hay otra escena tras la que muestra la cámara

• Es necesaria la presencia de un adulto que debe ofi-
ciar de camarógrafo (es una prelatente)

• El enfoque del camarógrafo podría determinar la dirección de la mirada de la terapeuta.

• Pueden surgir dificultades propias del uso de la tecnología.

• La terapeuta al no tener contacto real, podría quedar

investida de una cualidad de virtualidad potenciada por este formato técnico.

• La existencia de un tercero, presente durante la sesión podría interferir tanto con el esquema comunicacional como en la manifestación de una lógica binaria u otra que incluya la terceridad.

Si bien muchos cuestionamientos irrumpen al abordar esta modalidad que presenta dificultades específicas, encontré que coinciden con ella algunas particularidades propias del análisis de niños.

Compartiré a continuación algunos interrogantes:

• ¿No aspiramos, acaso, a develar aquella otra escena que puja por detrás de la que se nos muestra?

• ¿No es acaso habitual incluir a uno o a ambos progenitores durante sesiones con niños pre-latentes, sabiendo que es una vicisitud cuyo sentido debemos comprender?

• ¿No hay acaso, junto a nuestra presencia real, otras virtuales cuya existencia se presentifica a través del juego transferencial-contratransferencial?

• ¿No es acaso nuestra tarea estar abiertos a la escucha del niño tratando que la mirada de los padres no obture la muestra?

Dado que nuestra tarea se despliega fundamentalmente en el tercer espacio, donde el límite entre lo externo y lo interno se manifiesta en un terreno de bordes difusos, fluctuantes y paradojales, decidí embarcarme junto a la paciente y sus padres en este novedoso formato técnico haciendo hincapié en que lo iríamos revisando permanentemente pues era mi primer experiencia de terapia virtual con una niña tan pequeña.

Finalizado el psicodiagnóstico la familia viaja a la Argentina. La primer sesión fue presencial.

d) Encuentro en Buenos Aires. Fragmentos de la primer sesión

Ana llega al consultorio en compañía de su papá, dice que desea que él se quede. Acepto la situación. La niña se vincula conmigo tal como si nos conociésemos y viésemos desde siempre. Se saca las sandalias y dice: "tengo lastimado" (se refiere a ampollas en los pies).

Terapeuta: Dibujo una niña princesa descalza.

Ana: Le agrega curitas en los dedos de los pies (Dibujo n°2)

Inmediatamente realiza el siguiente dibujo (Dibujo n°3)

Terapeuta: los piecitos quieren que los ayude con sus dolores, pero ¿qué les pasa?, parece que "tienen" que estar contentos, tapan las lastimaduras con risitas y florcitas.

Ana: Dibuja un pie y un gusano que lo pica (Dibujo n°4). "Ahora se ve que un gusano lo picó".

Terapeuta: "El gusano se le metió en la sandalia y el piecito no pudo quejarse, ni llorar".

Ana: "Apoya su pie sobre la hoja y lo contornea, luego le dibuja "cajoncitos" y " una cara con lágrimas" (Dibujo n°5).

Terapeuta: "este piecito Ana empieza a mostrarse. Dice que le duele cuando un gusanito molesto se le mete en su vida. Que esta triste y que tiene cajoncitos donde guarda sentimientos que todavía no se animan a salir.

Al igual que en nuestro primer encuentro virtual Ana se vincula a través de su pie, pero da un paso más . Se atreve a comunicar que detrás de la propuesta identificatoria "niña – princesa de bonitas sandalias" tiene heridas difíciles de mostrar, sentimientos encajonados que no pueden expresarse.

La paciente pone en escena al "gusano", portavoz de historias pasadas y actuales irritantes que comienzan a aparecer en el campo analítico.

He tenido la posibilidad de comunicarme con la niña a distancia y presencialmente.

Señalaré a continuación algunas similitudes:
• Presencia del padre
• Emergencia de fantasías de desvalimiento.
• Mandatos que promueven el ocultamiento de vivencias dolorosas y hostiles (ej: celos fraternos).
• Mandatos intrusivos que agotan y duelen versus necesidad de manifestar su verdadero ser.

e) Viñetas de sesiones a distancia
Viñeta N°1 - Sesión al inicio del tratamiento

Ana: dibuja ropa para un muñeco bebe (dibujo n°6) orejeras, tapa boca, remera y capa. Me lo muestra y envía. "Es ropa protectora".

T: "Para que no le llegue el frío ni se le escape el calor. ¿Se sentirá bien?".

Ana: "No se, no se le ve la cara, no se puede saber que le pasa".

"Dibújame una nena con una canasta grande para poner muchas cosas adentro".

T: La dibujo (dibujo n°7), se la envío en una foto. "La nena está muy cargada, ¡cuánto peso lleva! ¿Qué le pasará?"

  Hilda Catz y Colaboradores

Ana: "Tiene muchos hermanos, el cuerpo y el tiempo la hacen chica".

T: "Es chica para tanta carga. ¿Puede ser que tanto esfuerzo le pese en la panza?

Ana: Se inquieta, parece ansiosa, se angustia. Dibuja un auto grande (Dibujo nº8). "Es para que la nena lleve a sus hermanos".

T: "Cree que tiene que cuidar a todos, amigos, hermanos. Los quiere y quiere que la quieran, pero la enoja tanto esfuerzo".

Ana: "A veces yo también me enojo".

Viñeta Nº2
Sesión a los dos meses de tratamiento

Ana: No quiere hablar. Se esconde bajo una mesa. Se esconde detrás de sillas.

T: (P la perseguía con la cámara desde donde originalmente estaba. Le digo que no lo haga, que le daré a Ana el tiempo que necesite). "Espero hasta que decidas venir"

Ana: Luego de unos minutos de estar "escondida" comienza a asomarse. "Fui a esgrima, no me gusta, no quiero pinchar".

Come una fruta ansiosa y vorazmente. Juega dándome la espalda, sentada sobre el marco de la puerta que da al balcón. Mira hacia fuera.

T: (P intenta poner la cámara frente a Ana, le reitero la indicación de esperar hasta que la niña decida darse vuelta).

"No queres que te propongan actividades que no van con lo que te gusta. Pedís que no me meta cuando no queres".

Ana: Se da vuelta y me muestra un pajarito que esta volando.

T: "Vuela libre, sin presiones".

Ana: Entra a la habitación (ahora la veo). Trae la cabeza de una muñeca y la une al cuerpo de la misma.

T: A veces la cabeza obliga a hacer algo que la panza no quiere. Cuando el cuerpo y la cabeza se juntan, la panza deja de hablar.

Viñeta N°3
(Sesión a los 8 meses de tratamiento)

Ana: "Tengo una fiesta de disfraces, me voy a disfrazar de Campanilla de Peter Pan".

T: "¿Qué te gusta de Campanilla?

Ana: "Lleva la risa a la tierra de Nunca Jamás". En este momento Ana se trepa al respaldo de un sillón y comienza a caminar sobre él, haciendo equilibrio.

P: Deja la cámara sobre una mesa camina al lado de Ana extendiendo los brazos para protegerla. "En la pared blanca que esta detrás del sillón pego anotaciones, fotos, posters, cosas que tienen que ver con mi trabajo y sobre las cuales necesito seguir pensando".

Ana: Se para sobre el respaldo del sillón ocupando esa pared. Trata de saltar. Le pide al padre que le de la mano. Juega a subir y saltar sostenida por la mano de P.

T: "Es un alivio poder pedir ayuda en lugar de llevarle la risa a los habitantes del Nunca Jamás".

Después de finalizar esta sesión Ana realiza el siguiente cuadro (Dibujo n°9), le pide al padre que lo cuelgue sobre la pared blanca.

P me envía una foto del mismo fuera del horario de sesión. Dice estar emocionado y conmovido.

Trabajando con la pareja parental

La frecuentes entrevistas con los padres fueron de gran utilidad, me permitieron tener acceso a logros y dificultades del entorno familiar y escolar como también la posibilidad de desplegar y desarrollar algunas temáticas.

Señalaré a continuación las más habituales:

Dificultades de M para comprender momentos de desborde de Ana. M respondía con angustia y desconcierto. Ana quedaba sola con su dolor.

Momentos de aislamiento en P.

Ambos progenitores debían cumplir con tácitos mandatos transgeneracionales.

Falta, en ambos miembros de la pareja parental, de modelos concernientes a funciones maternas y paternas.

A modo de síntesis

El tránsito a través de los senderos de la innovación no es sencillo, la incertidumbre y la duda acechan en cada recodo del camino.

En momentos de despliegue transferencial-contratransferencial positivo, el lugar tercero se extiende a través del cyber espacio tornando sencilla la comunicación, tengo entonces la convicción de que esta nueva modalidad es posible. Pero en todo encuentro hay obstáculos, viejos fantasmas de intrusión y persecución resurgen del averno y se presentifican en el campo analítico.

Es en esos momentos de incremento resistencial donde tengo que revisar con extrema minuciosidad mi contratransferencia, debo discriminar si corresponde a una vicisitud del proceso terapéutico o si es propio de esta modalidad técnica.

Comparto con Ana y sus padres un espacio de fronteras móviles, soy la terapeuta interesada en las desconocidas innovaciones de la modernidad y/o la niña fascinada y asustada frente a lo nuevo que contiene en sí lo **unheimlich** portador de crípticos mandatos.

Desde el entre de nuestra particular alianza terapéutica surge como objeto-analítico creado-encontrado la niña que, desde sus dolores estomacales denuncia una excesiva e invasiva oferta disfrazada de "posibilidad de libre elección". Ana se exige, debe ser amada, rechaza sus afectos hostiles y lo expresa a través de su temor a vomitar.

La aventura continúa, junto a la paciente y sus padres estamos reescribiendo y, por momentos, escribiendo por vez primera una historia. Las propuestas excesivas y abrumadoras están mutando generando nuevos espacios de despliegue del ser autentico. Verdadero self desde el cual la niña podrá permitirse amar y odiar.

Aclaro que este es un encuentro singular que se inscribe en una conjunción de historias singulares, habrá que evaluar en cada caso la posibilidad de este tipo de proceso terapéutico con niños.

La realidad es que la post-modernidad se abre a la construcción de rutas impensadas.

Dibujo Nº 1

Dibujo Nº 2

Dibujo Nº 3

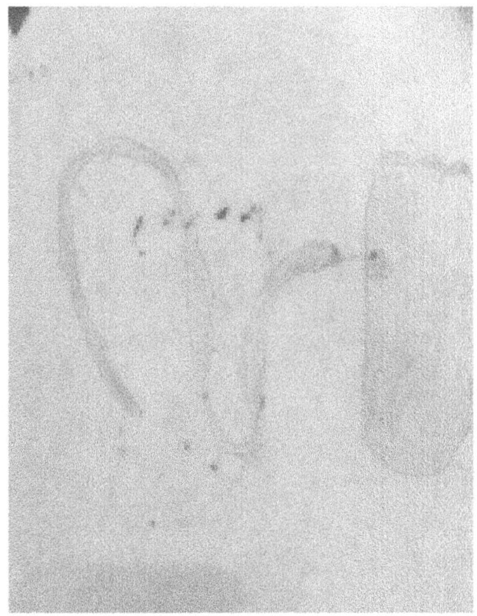

Dibujo Nº 4

Dibujo Nº 5

Dibujo Nº 6

Dibujo Nº 7

Dibujo Nº 8

Estos trabajos fuerontrazados en color.
El cuadro final(dibujo n*9) fue realizado en colores especialmente bellos y muy bien combinados para su edad.

Dibujo Nº 9

Bibliografía

Green, A (1986) *De Locuras Privadas*, Amorrotou editores. Buenos
    Aires,
Winnicott, Donald, *Los procesos de maduración y el ambiente facili-
    tador.* Ed. Paidós. Buenos Aires, 2002.
Winnicott, Donald.(1971) *Realidad y Juego.* Ed. Gedisa. Barcelona,
    1971.

Lic. Alicia Szapu de Altman

Miembro Titular en Función Didáctica de la APA y de la IPA
Especialista en Niños y Adolescentes (APA /IPA)
Integrante del Dpto de Niños y Adolescentes Arminda Aberastury
Premio Cesare Sacerdoti otorgado por la IPA al mejor trabajo presen-
tado en el Congreso Internacional de Barcelona 1997
Integrante del Espacio Winnicott de la APA
Autora de múltiples artículos publicados en revistas nacionales e
internacionales
E-mail: aszapualtman@gmail.com

Capítulo 4
Análisis a la distancia

Sara Zusman de Arbiser

En Junio del año 2003, la *Revista "En Profundidad"*, que editaba la IPA (Asociación Psicoanalítica Internacional) presentó a varios profesionales expresando sus opiniones acerca del análisis por teléfono. Se generó una discusión que continuó en revistas posteriores. Curiosamente coincidió, que esa revista de Junio del 2003, fue la última editada en papel y los números posteriores aparecieron en un formato electrónico accesible a través de Internet y ya no más en papel impreso, por problemas económicos de la IPA.

La primera parte de la discusión se presentó en una forma tradicional y luego continuó con los recursos actuales que la tecnología nos brinda.

La revista no desapareció por los problemas económicos de la IPA, sino que nos siguió llegando desde Internet, así como muchos pacientes, por distintas circunstancias de sus vidas, que no pudieron concurrir más al consultorio continuaron sus tratamientos a la distancia por otros medios.

En la revista, escrita en papel, empieza contando sus experiencias con el teléfono *Sharon Zalusky*, experiencias que tienen muchas similitudes con las que tuvimos los que empezamos a usar la comunicación telefónica como alternativa posible en el curso de algunos tratamientos en aquellos primeros años que se implementó.

Son ejemplos, en los que era apropiado continuar los tratamientos a la distancia, por el teléfono, o el "chat" por Internet como únicas herramientas disponibles en esos años.

Sharon Zalusky presentó cinco casos clínicos donde implementó estos recursos.

Simona Argentieri y *Jacqueline Amati Meler* plantearon, en ese artículo, que el "análisis" por teléfono no era psicoanálisis... *"No todo lo que un psicoanalista hace es análisis simplemente porque es psicoanalista... uno de los difíciles logros en nuestra profesión es el de ser y continuar siendo analistas aún sabiendo cuándo y por qué estamos haciendo otra cosa distinta de un análisis".* Concluían su comentario diciendo: *"es posible que los "innovadores" nos tilden de "conservadoras retrógadas".* Luego agregaron que el debate sobre el "análisis" por teléfono contribuía a precisar mejor *"nuestras irreductibles diferencias"* (Comillas mías)

Luis Rodríguez de la Sierra señaló que reaccionar a las necesidades de los pacientes era más importante que ceñirse a las reglas. Dijo: *"La controversia sobre si es verdadero análisis o no, es antigua, es muy necesaria una re- evaluación si queremos sobrevivir como criaturas vivas y no como objetos en exposición de una era pasada".*

En ese interesante intercambio de opiniones en el que participamos muchos analistas de distintos países continuó esa controversia entre los que se oponían a implementar dicha práctica y los que incorporamos estas posibilidades cuando en el curso de la vida de los pacientes se presentaban acontecimientos que generaban dificultades reales e interferían con el encuadre psicoanalítico tradicional. Cito algunos ejemplos: migraciones, enfermedades, etc.

Entendíamos, ambos, paciente y analista, que el encuentro a distancia no iba a ser lo mismo que el tratamiento presencial, pero era la única forma que teníamos de no interrumpir abruptamente el proceso analítico.

Presentaré algunas viñetas clínicas de aquellos primeros años (2001) en que empecé con el análisis a distancia, donde fue necesario recurrir a encuadres terapéuticos especiales, que permitieran la continuación de algunos tratamientos.

V: una paciente embarazada, que presentó amenaza de aborto con indicación médica de reposo absoluto, me pide la posibilidad de continuar las sesiones por teléfono. Lo hicimos con una frecuencia de tres veces por semana durante todo el embarazo y en los primeros meses después del nacimiento de la hija y luego continuó con el análisis presencial.

J: un paciente que inició su análisis conmigo a los 15 años de edad y que después de cuatro años de tratamiento, a raíz de una beca para ingresar a una Universidad en el extranjero, me sugiere tímidamente la posibilidad de continuar el tratamiento a través del "chat" y el teléfono.

J. dice: -"Van a ser muchos cambios en mi vida. Pasar de estar en la casa de mis padres a vivir en el extranjero. Tener que hablar todo el día en inglés. No creo que tenga tiempo ni ganas de buscar un psicoanalista nuevo, allí. Los E-mails son como cartas a las que hay que esperar respuesta. Creo que hablar por teléfono o por "chat" es mucho más dinámico y se parecen bastante a estar juntos en sesión".

J. sugiere ambos: el chat y el teléfono. Entiendo que jugaba el costo económico que implicaba comunicarse en esos años desde USA, y por eso sugiere esa alternancia en nuestras posibilidades de encuentro.

Sabíamos ambos, paciente y analista, que el tratamiento a distancia no era lo mismo que el análisis presencial, pero era la única forma que teníamos de sostener el vínculo.

El paciente emigra por tiempo indefinido y el análisis continuó tres veces por semana, en sesiones programadas con horarios establecidos.

Cuando J. inició su análisis conmigo, el motivo manifiesto de la consulta fueron sus ataques de angustia por haber cometido ciertas irregularidades con la computadora junto con otros amigos. Fueron descubiertos y ese fue el desencadenante de un juicio penal que motivó el pedido de análisis.

Las irregularidades que habían cometido eran francas transgresiones a la ley. J. conocía que se trataba de un delito lo que él estaba haciendo. Sus padres también lo sabían y le advirtieron "débilmente" que no lo hiciera más.

Prevalecieron sus aspectos omnipotentes, continuó y lo detuvieron.

"Delincuente por sentimiento de culpabilidad". Cometió un delito para ser castigado por sentirse triunfante frente a la figura paterna.

El padre no había terminado la escuela secundaria y no logró ingresar a la Facultad. Solía tener trabajos poco remunerados que duraban muy poco tiempo y pasaba mucho tiempo del día frente al televisor.

J., hijo único, también se sentía triunfador frente a posibles hermanos, que nunca nacieron.

La madre y J. mantenían económicamente la casa.

Podemos observar, en el curso de la vida de J. otros momentos donde actuó como delincuente por sentimiento de culpabilidad. En los comienzos de su adolescencia, con un grupo de compañeros inició un incendio en la escuela y él se declaró como el único culpable. (calentura incestuosa con la madre y que sólo puede expresar de esta manera?)

Lo mismo ocurrió con su juicio penal. Los amigos lograron sacar las pruebas que los involucraban de sus computadoras y no fueron procesados.

J. dejó todas las evidencias para ser declarado culpable.

Siempre llegaba tarde a todas partes. Estudiaba a último momento e iba sin dormir a rendir los exámenes.

Podía pasarse días enteros en la cama mirando la T.V. como el padre.

También podía ser muy brillante y en esos casos cometía actos fallidos o se exponía a accidentes para castigarse por los logros obtenidos.

Después de aprobar un examen salía hasta cualquier hora, se emborrachaba y volvía a su casa manejando en esas condiciones.

En la medida que fue entendiendo estos aspectos autodestructivos, cada vez se fue exponiendo menos.

El leitmotiv de fondo que acompañó casi todo su tratamiento fueron las alternativas del juicio penal en el que estaba procesado y las implicancias profundas del mismo con relatos de sueños y pesadillas.

Desde los primeros años de la facultad tuvo muy buenos trabajos con sueldos muy altos para su edad, en relación con su entorno.

En la medida que conseguía más: mejores trabajos, ganar dinero, conquistar una chica y tener relaciones sexuales, era mayor el sentimiento de culpabilidad.

Se sentía como en una trampa, de la que él creía que

sólo podía escapar buscando estudiar y trabajar en el exterior del país, alejándose de sus padres.

Consiguió la beca y el trabajo en el exterior. Tuvo que vencer muchos obstáculos. Era muy posible que le negaran la visa por sus antecedentes penales (el juicio continuaba y parecía interminable). También era posible que le negaran la salida del país por el mismo motivo.

Fueron nueve meses muy trabajosos, desde finales del 2000 hasta agosto del 2001, donde había que poner palabras a esa necesidad de escapar de la cercanía incestuosa con la madre, que transferencialmente también ubicaba en mí.

Durante el año en que hizo todos los trámites para irse y estauvo muy ocupado con entrevistas y audiencias con abogados, no dijo nada a los padres acerca de su proyecto de emigrar en forma inmediata

Lo comunica cuando tiene la confirmación de que se va y en la casa lo toman muy naturalmente. Yo considero *"demasiado naturalmente"*.

El padre se siente muy orgulloso, el hijo cumple con todo lo que él no pudo hacer.

Durante el tiempo que lucha por la visa y por su salida del país, niega los sentimientos de dolor frente a la separación, especialmente de su grupo de amigos de toda la vida, de sus compañeros de futbol y de su familia, padres, tíos, primos y abuelos.

Finalmente, poco antes de los atentados a las torres gemelas, le llega la aceptación y parte para USA.

Poco tiempo después de su arribo a EE.UU. se producen dichos atentados, situación traumática que irrumpió en la vida y en las sesiones de J.

En ciertos aspectos podemos reconocer que los temas que salieron a la luz en esos momentos del tratamiento de J. tenían ciertas similitudes con lo que puede registrarse actualmente, en muchos pacientes, la ansiedad y el pánico que genera la pandemia del Coronavirus.

Actualmente, en este tiempo de cuarentena, podemos observar el duelo por la pérdida de la forma de vivir y el disfrute vital de un tiempo anterior y muy reciente. Ese duelo fue también padecido por J. cuando a poco de su llegada a USA, caen las torres gemelas y él queda inmerso en ese universo siniestro.

J., de la misma forma que ocurre actualmente con nuestros pacientes que están en cuarentena, que no pueden concurrir al consultorio, tuvo que elaborar su duelo a través de un proceso terapéutico a distancia, en un país al que acababa de emigrar, sólo, sin amigos ni familia, alejado de todo su entorno afectivo y conocido.

Dos veces por año J. retornaba a la Argentina por 15 días, para visitar a familia y amigos. Volvíamos a encontrarnos en un encuadre tradicional en ese tiempo.

Si las situaciones actuales, reales, de la vida del paciente tienen efectos traumáticos, el analista también las comparte, ya que le imponen un proceso de innovación de recursos, incorporación de situaciones nuevas, y trabajo psíquico sobre ello, para poder llevar a cabo una elaboración, justificación y validación teórica.

Personalmente, como analista de niños, estoy acostumbrada a jugar los juegos que proponen los chicos. El teléfono o la computadora al igual que el juguete permiten continuar con el vínculo analítico.

Sabemos que el proceso terapéutico transcurre a menudo por diferentes vías explícitas de comunicación, de las cuales seleccionamos algunas. Mientras haya diálogo analítico el encuadre sólo cambia en lo formal.

Los modos en que se lleva a cabo el psicoanálisis han sufrido muchos cambios desde que Freud los empleó por primera vez. Inclusive Freud mismo fue variando a lo largo de su vida.

Hipnosis, primeros momentos con Breuer, Catalina en la posada de la montaña, Juanito a través del padre, la caminata de unas horas con Mahler, etc.

Freud también se comunicaba con sus pacientes y discípulos que vivían en otra ciudad, a través de cartas, donde se puede observar la continuación de un proceso psicoanalítico iniciado en forma presencial. Hay testimonios de ello, con Lou Andreas Salomé, Ferenczi y otros.

En cada una de aquellas circunstancias podemos observar a Freud trabajando con la *CONVICCIÓN* de que mantenía un diálogo analítico.

Después de Freud, cada cambio en el procedimiento técnico ha despertado preocupación.

Por ejemplo, los analistas ya no ven a los analizados seis veces por semana (salvo casos excepcionales) como se hacía al principio, ni tampoco usan siempre el diván.

En los finales de la década del 60, yo asistí a otra controversia, que en estos tiempos parece cómica: si era lícito o no el uso del grabador en una sesión.

También hasta finales de los 60 existían normas muy rígidas en la técnica para atender a los niños y adolescentes y que en la actualidad son mucho más flexibles.

Los analistas se toman vacaciones de diversa duración y no siempre en el mes de Febrero, como fue tradición durante muchos años, en la Argentina.

Se adoptan diferentes posturas frente a los períodos de vacaciones de los pacientes, cuando éstas no coinciden con las de su analista. En tiempos lejanos, el paciente debía abonar las sesiones perdidas. Actualmente, no sucede lo mismo.

La nuevas aperturas terapéuticas en la clínica psicoanalítica con niños, familias, parejas, grupos, enfermos psicosomáticos, pacientes psicóticos, grupos multifamiliares, el análisis concentrado, etc., siempre despertaron el mismo interrogante ¿es o no psicoanálisis? ¿y lo que se pierde será superior a lo que se gana?

Nuevas formas de continuar el vínculo con el paciente para que el tratamiento pueda continuar generaron reacciones diversas en nuestros colegas psicoanalistas que no hicieron la experiencia del análisis a distancia y se negaban a hacerlo por resistencias personales a usar tecnología apropiada

Desde mis primeras experiencias con el análisis telefónico y el "chat", siempre consideré que eran recursos posibles con pacientes que estuvieron en tratamiento previamente con un encuadre tradicional con ese analista.

Puedo seguir enumerando distintos casos que se iniciaron en mi consultorio y que continuaron a distancia desde el año 2001 hasta la fecha.

Una viñeta de un caso:

Una pareja de padres consulta por síntomas de sus dos hijos, de tres y cinco años de edad. Estos trastornos empezaron cuando faltaban pocos meses para que este grupo familiar emigre a otro país por necesidades laborales del padre.

Iniciamos un tratamiento presencial que continuamos en forma virtual con sesiones programadas que hacíamos por FaceTime. De esa manera el padre, la madre y los dos hijos pudieron encarar el duelo por la migración que se denunciaba través de los síntomas que presentaban los hijos.

Por eso, actualmente, en cuarentena por el Coronavirus y con toda la tecnología que tenemos a nuestro alcance, me resulta una posibilidad muy familiar implementarla con todos los pacientes, adultos, grupos familiares, adolescentes y niños

Cuando el analista y el paciente tienen el deseo de continuar el análisis, el tratamiento continúa, a pesar de las dificultades que en estas circunstancias extraordinarias que se presentan, las padecen paciente y analista, porque los mundos de ambos quedaron superpuestos. (*"Analista y paciente en mundos superpuestos" de Leonardo Wender y Janine Puget*).

El problema se genera, en muchas oportunidades, cuando el analista es muy rígido y tiene resistencias internas a incorporar todo lo que la tecnología nos brinda y el paciente lo percibe.

Cada paciente elige el recurso técnico que le resulta más cómodo. Así están los adultos que se analizan con diván y que eligen comunicarse por teléfono y los que lo hacen cara a cara y prefieren la *videocámara, Facetime, Skype o Zoom.*

Para el análisis de pareja y del grupo familiar son ideales la videocámara o Zoom.

Los niños y adolescentes, los nativos digitales, se sienten muy cómodos con cualquiera de estas plataformas y se acomodan fácilmente a continuar su vínculo ya iniciado en forma presencial. Poder verlos en su casa y con sus juguetes es una experiencia sumamente enriquecedora. Winnicott señalaba la necesidad de conocer el ambiente en que crece el niño.

Lo que se puede observar en la actualidad es un fenómeno: *"las neurosis traumáticas de cuarentena"*, término propuesto por *Kamran Alipanahi*, que equiparó dicha neurosis a lo que S. Freud denominó *"neurosis traumáticas de guerra"*. En el caso de las neurosis de guerra Freud señalaba que estos pacientes tenían todo su aparato psíquico inmerso en el trauma que habían sufrido, padeciendo de insomnio y terribles pesadillas donde revivían continuamente sus traumas y no podían dejar de sentir aquel sufrimiento, con grandes dificultades de elaboración psíquica y de poder seguir adelante con su vida y proyectos, quedando totalmente anulados para posibilidades creativas y reparatorias. Esa descripción coincide con lo que Kamran Alipanahi señala en las neurosis traumáticas de cuarentena, pacientes aterrorizados, escuchando todo el día noticias acerca de estos temas del Coronavirus, las listas de infectados y de muertos de su país y de todo el mundo, "padeciendo hipocondríacamente" los síntomas que se describen en los infectados e imaginando su muerte inminente como hecho inexorable. Ellos generan un ambiente muy tóxico en su entorno, sintiéndose imposibilitados de contener psicológicamente a sus hijos a los que contagian con su pánico.

Pero también observamos otros pacientes, que sin negar la peligrosidad de lo que está sucediendo, respetando todas las medidas de cuidados para ellos y su entorno, pueden recurrir a la posibilidad de "negar", como una defensa exitosa en muchos momentos del día y "olvidarse del tema", no escuchando continuamente noticias y pudiendo apelar a la creatividad y a seguir adelante con sus proyectos.

Estos pacientes, generalmente tienen muchos sueños, que traen a sus análisis y que expresan todos sus miedos más profundos, pero que con su contenido enmascarado pueden cumplir con su función de ser los guardianes del dormir. Estas personas pueden generar un entorno que ayuda a sus hijos a poder sobrellevar con menos proble-

máticas esta cuarentena obligatoria que tienen que respetar.

Hay gran cantidad de temas que se despliegan a partir de lo que observamos atendiendo adultos, adolescentes y niños en forma virtual.

Se puede aprender mucho de lo que se intensifica en
el vínculo transferencial y contra transferencial durante
las sesiones que se desarrollan en forma virtual sin dejar
de reconocer también todo aquello que se pierde.

Es posible que el teléfono y la comunicación por Internet, para muchos pacientes, puedan funcionar como
un "espacio transicional" (Winnicott). Son usados como
aquel osito o frazadita que permiten al niño alejarse de la
madre, confiando en volverla a encontrar.

El tratamiento a la distancia brinda la posibilidad de
mantener el vínculo con el analista y la continuación del
proceso terapéutico sin la presencia física de aquel.

Bibliografía

1) Alipanahi, Kamran: *Comunicación Personal*
2) Puget, J., Wender,L. : *"Analista y paciente en mundos superpuestos" en Psicoanálisis* , Vol IV, N3, 1982
3) Winnicott, D.W.: *"Objetos transicionales y fenómenos transicionales" en Realidad y juego*. Gedisa. Barcelona, 1982
4) Zalusky, Sh., Argentieri,S. Amati Mehler, J., Rodríguez de la Sierra, L., Brainsky, S., Yamin Habib, Luis E., Sachs, D. M., Kramer Richards, A., Zusman de Arbiser, S. y otros: *"Análisis por teléfono" en Revista "En Profundidad", de Actualidad de la Asociación Psicoanalítica Internacional*. Volumen 12, N1 y N2 de Junio del 2003.
5) Zusman de Arbiser, S., *"Historial clínico" presentado en APA, Abril 2002*
6) ——*"Cuando el paciente emigra y el análisis continúa. Sesiones a través del "Chat", 3 veces por semana". Comunicación preliminar clínica* presentada en A.P.A.. Mayo 2003.--
7) ——*"Análisis a la distancia: el teléfono y la computadora"*, Simposio en APA , 2007.

Dra. Sara Zusman de Arbiser

Médica, Miembro Titular en función didáctica de la Asociación Psicoanalítica Argentina (APA) y de IPA (Asociación Psicoanalítica Internacional)
Especialista en Niños, Adolescentes y Familias
Ex Coordinadora del Departamento de Psicoanálisis de Niños y Adolescentes en A.P.A. en varios períodos.
Ex Coordinadora del Departamento de Familia y Pareja en A.P.A. en varios períodos.
Ex integrante de la Comisión de Ética de APA.
Actualmente: Asesora científica del Departamento de Niños
Integrante de la Comisión de Cultura de APA
Autora del libro "Familia y Psicoanálisis con niños y adolescentes" y de otros libros en colaboración con otros autores.
Autora de numerosos artículos que se encuentran en la Revista de APA y en otras publicaciones desde 1975 hasta la actualidad.
Autora de notas para los medios (diarios, radio, TV) de divulgación de temas de psicopatología infantil, de prevención y cuidado de niños y adolescentes.
E-mail: arbisersara@hotmail.com

Cómo trabajar online con niños diagnosticados con trastornos del desarrollo (TGD-TEA)

Mariel Basabe

El artículo describe cómo trabajo a distancia con niños diagnosticados con trastornos del desarrollo (TGD-TEA) y sus padres; pueden ser pacientes y familias a los no que nunca he visto presencialmente. Esta modalidad la estoy utilizado con excelentes resultados durante la época de pandemia del COVID-19, que impone un distanciamiento físico obligatorio.

Introducción

En el momento actual de distanciamiento social impulsado por el COVID-19, los niños están todo el día con sus padres habiendo perdido sus espacios cotidianos y relaciones importantes en las que se sostenían.

Esta nueva realidad se contextualiza en un escenario caracterizado por las funciones materna y paterna debilidatas. "Cuando hablamos de funciones parentales nos referimos a la necesidad de reconocimiento, sostén, apego y corte, ejercidas como forma de acceder a la humanización y a la inclusión en un orden simbólico. Los adultos de crianza en una relación de asimetría necesaria con el niño asumen funciones narcisistas de reconocimiento de la alteridad, sostén emocional, así como corte y empuje a la exogamia". (Woloski,G.2019)[1]. A esta situación preocu-

---

[1] Woloski, G., *Monoparentalidad, Inclusión de un tercero, Simposio XXI, APA, Departamento de Niños y Adolescentes,* Ciudad de Buenos Aires, 2019

pante se refirió Hilda Catz como "Falta de transmisión de vínculos estructurantes, de anidamiento, la falta de significantes fuertes con los que el niño pueda identificarse; en vez de la madre suficientemente buena actualmente parece que se busca que los niños sean suficientemente buenos" (Catz, H., 2019).[2]

En el caso particular de los niños con trastornos en el desarrollo, este debilitamiento de las funciones parentales suele acentuarse con los diagnósticos tempranos del orden del trastorno, con determinadas "etiquetas" que pueden ser invalidantes y suelen confluir en múltiples tratamientos con profesionales de áreas específicas, dejando de alguna manera a los padres excluidos de las tareas constitutivas, fruto del intercambio padre/madre-hijo. Esto va en detrimento de la mirada y el rol subjetivante propios de las funciones parentales.

En este contexto, resulta fundamental el trabajo con los padres con el objetivo de apuntalarlos en sus funciones, para que puedan tener una mayor comprensión de lo que le sucede a su hijo y sepan cómo acompañarlo en este momento tan especial.

Los padres no están acostumbrados a estar todos los días completos con sus hijos, y los chicos tampoco. Es importante como profesional intervenir, para evitar situaciones de violencia y de indefensión que pueden llegar a generarse a partir del aislamiento social. Sostenerlos, para que puedan sostener en el confinamiento donde las ansiedades pueden llegar a ser incontrolables.

Para vehiculizar este acompañamento realizo encuen-

---

[2] - <?> Catz, H., *Palabras de apertura en las jornadas anuales del Departamento de Niños y Adolescentes de la APA*, Ciudad de Buenos Aires, 2019

tros a distancia -por Skype o videollamada- con los padres, y utilizo como herramienta unas guías de actividades para jugar en familia. Se trata de actividades que promueven el trabajo de estructuración subjetiva y el armado de esquemas de conocimiento, mediante una selección de contenidos y una metodología específica sobre cómo trabajarlos.

Las guías no sólo son útiles en cuanto al saber que proporcionan con respecto a los contenidos que estos niños necesitan trabajar, sino que tienen un propósito orientativo general con respecto a la manera de vincularse con el niño, de alojarlo, de acompañarlo y de poder ayudarlo en su desarrollo en las actividades de la vida cotidiana. Al contar con mayor información sobre cuáles son los procesos constitutivos que los niños deben realizar y al sentirse orientados con respecto a cómo jugar con sus hijos, los padres se colocan en una posición diferente, que produce efectos muy positivos.

En algunas familias este tiempo de incertidumbre y encierro se está convirtiendo en una posibilidad de barajar y dar de nuevo, de crear un nuevo espacio potencial en donde pueda aparecer el juego que promueva la libertad creadora, como diría Winnicott, D. (1971).[3]

Creo que las sesiones con un analista que está afuera junto con las guías de actividades funcionan como un operador estructural, regulan lo que sería el "goce" de ciertos comportamientos repetitivos y de desencuentros estereotipados, y permiten abrir camino al mundo de las reglas y la cultura.

---

[3] Winnicot, W., Realidad y juego, Editorial Gedisa, Buenos Aires, 1971.

Cómo trabajo con estos niños a distancia

Comienzo con entrevistas virtuales con los padres, generalmente con la madre, pero siempre tratando de que el padre pueda estar presente. En estos encuentros vamos recorriendo su historia, la historia de esa familia, el mito familiar en el que adviene el niño. En el caso de niños autistas suelen aparecer los siguentes elementos: pérdida de embarazos anteriores, duelos no realizados, depresiones maternas durante el embarazo, y/o en los primeros meses del bebé, falta de sostenimiento externo de la mamá en esa etapa, ausencia paterna, situaciones socio-económicas o familiares adversas, violencia en la pareja, entre otros.

Son muchos y diversos los factores que dificultaron o imposibilitaron la conexión con el bebé en esa etapa de construcción de un cuerpo imaginado, de creación necesaria de vínculos primordiales, lo que no posibilitó la etapa de ilusión del bebe de crear el objeto que satisface su necesidad, de ser uno con la madre, unión que paulatinamente se va diferenciando pasando por un espacio transicional en el que juego aparecería.

Estas primeras entrevistas no las realizo a modo de anamnesis, para recavar información, sino porque creo necesario que los padres puedan hablar de situaciones traumáticas, develando así identificaciones y mandatos familiares, viendo qué lugar ocupa ese hijo en el mito familiar. *"Todos han quedado presos de una red de reacciones inevitables, y necesitan que los comprendamos"*. (Tustin, 1990[4]

Apunto a que se produzca cierto nivel e implicancia con respecto a lo que le sucede al niño, a que el diagnós-

---

[4] Tustin, F., Autismo y psicosis infantiles, Editorial Paidos, España, 1940.

tico pueda abarcar un "más allá de lo orgánico" -que por supuesto no lo dejo de lado- y deje de tomarse como definitivo, como una sentencia.

Sabemos que es jugando como el niño se transforma en sujeto (Rodulfo R., 1991)[5]. Uno de los propósitos más importantes del juego durante la niñez, y especialmente en la infancia, es la creación de un espacio vincular para que el niño pueda desarrollarse emocional y cognitivamente.

En función de lo conversado en la sesiones, pienso cuál es el trabajo psíquico que este niño está intentando realizar, y cuáles son las condiciones necesarias para que este trabajo psíquico se desarrolle. Selecciono actividades de las guías de juegos para padres y se las envío por mail para jugar en familia. Les aclaro que son para divertirse,"si no, no vale", y que como su nombre lo indica son sólo guías, que si el juego toma otro rumbo lo sigan, que si se les ocurren otros juegos a ellos, los hagan. El otro día una mamá me comentó: *"Tengo un juego para que agregues a tus guías"* ¡Me encantó!.

En la siguiente sesión me comentan qué hicieron, cómo y qué sucedió durante la actividad, si inventaron algún otro juego, suelen compartirlo con gran entusiasmo. En algunos casos registran por escrito algo que surgió que no quieren olvidarse de conversarlo conmigo. Conjuntamente con el relato de los juegos realizados aparecen consultas sobre límites, rutinas de sueño, alimentación, baño, etc. Continúa el trabajo con la madre de elaboración de su propia historia, pueden aparecer conflictos en la relación de pareja, incluso dificultades de algún hermanito que no han tenido lugar hasta ahora para ser visualizadas.

El paciente es el niño, pero trabajo en sesiones virtua-

[5] Rodulfo R., *El niño y el Significante,* Editorial Paidos, Buenos Aires, 1991.

les con la madre o los padres, lo que produce muchos efectos terapéuticos en ambos, que por mi experiencia es fundamental para la evolución del niño. Aunque el padre es habilitado por el discurso de la madre, su presencia y mirada amplian el horizonte de posibilidades terapéuticas.

Este modo de trabajo produce efectos, comienza a haber una mirada subjetivante sobre el niño, se pasa de percibir qué cosas le afectan, a qué le gusta o no, ciertas conductas van dejando de leerse como comportamientos esperables por su condición y aparecen relacionadas con su singularidad. El niño comienza a aparecer como tal, a hacerse escuchar, va surgiendo "el capricho", desapareciendo "las crisis", se producen avances en el lenguaje. Las sesiones virtuales junto con el material proporcionado por las guías los ayudan a los padres a sentirse orientados, acompañados, a poder disfrutar con sus hijos, a recuperar la confianza en sus funciones; se ríen juntos, se establecen juegos subjetivantes que no aparecieron espontaneamente en un principio, se sienten más confiados para poner límites.

A veces me mandan dibujos o fotos de las actividades que realizan y, por las devoluciones que recibo, ocupo un lugar de sostén muy importante. La mamá comienza a cuestionarse el lugar y la importancia del padre, pensamos qué juegos le gustan a él que podría disfrutar haciéndolos con sus hijos, incorporamos en las rutinas ciertas actividades para que hagan con el papá, a veces me piden que tenga con él la sesión para conversar determinados temas. Luego de unos meses de trabajo, una mamá me comentó que nota que es muy importante cuando el padre interviene en situaciones de desborde que ella no puede manejar, elogiando ciertas características del padre como imprescindibles para intervenir en ese momento.

La frecuencia de las sesiones depende de cada niño y cada familia. Si están atravesando alguna situación especial, pueden comunicarse por messenger o whatsapp cuando lo necesitan. Me sucedió durante la adaptación al jardín de un paciente, con una familia que venía trabajando con esta modalidad por razones de distancia (previo a la cuarentena), que necesitaron mayor sostenimiento, hubo intercambios por whatsapp con los padres y la docente y terminamos agregando una sesión. Otros padres se comunican fuera de las sesiones estipuladas en situaciones en donde se está realizando algún cambio de medicación y el niño está muy desbordado y no saben cómo manejarlo, o ante rutinas que ahora están imposibilitadas por el aislamiento social que al no ser respetadas los alteran, como ir a la plaza, o a la casa de los abuelos.

Es un momento de mucha apertura como analistas, de paciencia, de maternaje, de confiar en la intuición y ser creativos para transmitirles esa confianza a los padres. Es importante ayudarlos a armar nuevas rutinas, con diferentes momentos en el día, como por ejemplo el de compartir un cuento o un videojuego. Esta época de aislamiento social nos desafía a ser más flexibles en cuanto a horarios de conexión con dispositivos electrónicos sobre todo cuando sus amigos están en línea.

Es importante ayudar a los padres a armar espacios con diversos usos en la casa. Y sobre todo no perder la dimención lúdica, crear un ambiente facilitador para que el juego se desarrolle, un espacio que promueva el divertirse en familia como antídoto, como la contracara de *"padecer a los niños"*. Es fundamental poner a los padres en un rol activo, no desde el deber ni desde la demanda, que no pase la relación con sus hijos solamente por la obligatoriedad de ciertos hábitos alimenticios, del orden o de la higiene, como suele ocurrir. *"El Otro no sólo debe satisfacer las funciones vitales del infans, sino también se exige una respuesta a las necesidades de la psique"*. (Aulagnier, 1986).[6]

El juego como tal es un potenciador de la construcción del psiquismo, de la simbolización, del desarrollo afectivo y cognitivo del niño, pero también tiene efectos en las relaciones vinculares y en los adultos que participan. Por eso es fundamental colocar a los padres en un lugar de responsabilidad subjetiva, mostrarles otros aspectos de la parentalidad desde la alegría de disfrutar con sus hijos, porque será en este intercambio en donde los avances sucedan y el bienestar se retroalimente.

Guías para padres con niños con trastornos en el desarrollo TGD-TEA

Las guías fueron pensadas para orientar a las familias con respecto a actividades tendientes a favorecer el desarrollo de sus hijos desde lo socio-afectivo, cognitivo y psicomotor. La idea es brindarles herramientas para compartir el tiempo libre de una manera divertida, con propuestas lúdicas que posibilitan poner en marcha trabajos cognitivos y favorecen la construcción de ciertos procesos psíquicos.

Objetivos Específicos

Favorecer:
• La integración de opuestos básicos que en el desarro-

---

[6] Aulagnier, P., *El aprendiz historiador y el maestro brujo,* Amorrortu Editores, Buenos Aires, 1986.

llo normal se dan por supuestos (cerrado-abierto, adentro-afuera, lleno-vacío, etc.)

• El desarrollo de imagos, germen del futuro trabajo intelectivo.

• El desarrollo del lenguaje.

• El desarrollo de la representación.

• La construcción del esquema corporal / cuerpo simbólico.

• La interacción social.

• La construcción de categoría témporo-espacial.

• El desarrollo psicomotor.

• La coordinación visomotora.

• La tolerancia a la frustración.

• El aumento de la capacidad de los tiempos de espera.

• El registro del otro.

• El desarrollo de la motricidad fina.

Guías de actividades

Sólo mencionaré los ejes sobre los cuales se despliegan, que tienen que ver con *operaciones simbólicas en las estos niños se encuentran con grandes déficits o no las tienen construídas.*

- **GUÍA 1:** HACER SUPERFICIE - DEJAR MARCAS - CORTAR.
- **GUÍA 2:** CERRADO - ABIERTO / LLENO - VACÍO / ADENTRO - AFUERA.
- **GUÍA 3:** MI CUERPO.
- **GUÍA 4:** ESTÁ - NO ESTÁ / CERCA - LEJOS / ARRIBA - ABAJO / ADELANTE - ATRÁS / ACÁ - ALLÁ.
- **GUÍA 5:** QUIÉN SOY - MI FAMILIA.
- **GUÍA 6:** CATEGORÍA TÉMPORO - ESPACIAL / AYER – HOY - MAÑANA / MIS ACTIVIDADES / FRÍO - CALIENTE / DURO - BLANDO / RUTINAS / LA IMPORTANCIA DEL CUENTO.

- GUÍA 7: JUEGOS DIGITALES: VIDEOJUEGOS - DISPOSITI-
VOS ELECTRÓNICOS.

Otra bibliografía de referencia

Piaget J., *Seis estudios de Psicología*, Editorial Labor, Barcelona,
    1991.
Lacan J., *El reverso del psicoanálisis*, Editorial Paidos, Buenos
    Aires, 1996.

Recorrido profesional que influyó en esta forma de trabajo

Inicié mi carrera profesional como docente de nivel inicial en escuelas, como integrante de los Equipos de Orientación Escolar del Ministerio de Educación de la Ciudad
de Buenos Aires y como psicóloga en áreas de atención
clínica a niños y adolescentes en el Hospital Araoz Alfaro.
Gracias a mi recorrido profesional tuve la oportunidad de
trabajar con bebés, niños, adolescentes y adultos. Desde
el inicio de mi formación me focalicé no sólo en la investigación de la construcción de los aprendizajes en función de los esquemas de conocimiento desde edades muy
tempranas, sino también en el estudio de los procesos
de estructuración subjetiva; cómo se va construyendo el
aparato psíquico, cómo comienza a haber allí un sujeto
separado del Otro, con un cuerpo simbólico cerrado, con
volumen, etc.

*Me dediqué a estudiar el juego como medio a través
del cual el niño se constituye;* me especialicé en el diseño
de dispositivos y formas de intervención para que estos
niños puedan estructurarse subjetivamente, insertarse en
el sistema educativo y aprender contenidos escolares.

Mi experiencia me ha permitido comprobar que los

conocimientos que nos brinda el psicoanálisis pueden contribuir a diferentes formas de intervención tanto en prácticas educativas cómo terapéuticas. Esto dió origen a diversos proyectos que estoy realizando en la actualidad, además de la actividad clínica.

Lic. Mariel Basabe

Lic. en Psicología de la UBA
Profesora de Educación Preescolar, Instituto Nacional Superior de Profesorado Sara Ch.de Eccleston.
Carrera de actualización en Clínica Psicoanalítica de Niños y Adolescentes, UBA
Posgrado en Clínica Psicoanalítica con adultos, Instituto Clínico de Buenos Aires – EOL.
Miembro del Equipo del Niño Atípico coordinado por el Lic. Carlos Tewel, Hospital Interzonal de Agudos Evita "Araoz Alfaro", Lanús (1988-1991).
Miembro del Equipo de Orientación Escolar del Ministerio de Educación de la Ciudad de Buenos Aires (1988-1990).
Autora y coautora de trabajos presentados en encuentros académicos, y de publicaciones.
Cofundadora de Escuela Terapéutica Zoe" para niños con Trastornos en el Desarrollo, perteneciente al Ministerio de Educación de la Ciudad de Buenos Aires.
Consultora de instituciones educativas de nivel primario y secundario, y de organismos de gestión educativa en temas de integración.
Concurrente y colaboradora invitada del Departamento de Niños y Adolescentes. Asociación Psicoanalítica Argentina (APA).
E-mail: marielbasabe@gmail.com

Capítulo 5
La pandemia antes de la pandemia

Carlos Federico Bianchi

Todo parece nuevo y sorpresivo, pero "casi nada es nuevo". Sin duda, en el marco del COVID 19, todos nuestros estamentos fueron impactados desde lo OMINOSO. Insistentes en la comodidad de lo casi familiar, lo extraño parece irrumpir en nuestra experiencia, en nuestra técnica y en nuestra teoría.

El discurso psicoanalítico, psicológico y psiquiátrico, como todos los discursos de la humanidad están conmovidos. Pero no nos engañemos, no solo están conmovidos por el efecto directo y manifiesto del CORONAVIRUS, SINO POR UNA PERCEPCIÓN QUE CLARO, ESTA MAS ACÁ DE LA SIMPLE INTUICIÓN. La certidumbre de que vivimos un cambio de ERA.

Es común en nuestras manifestaciones, decir que lo que nos agobia es la incertidumbre, sin embargo, lo que verdaderamente nos abruma es que, a no ser que recurramos a la negación, estamos transitando desde la segunda mitad del siglo veinte, la vivencia de cambios, no solo en la clínica sino también en la subjetividad personal.

Como quien da vuelta la moneda, podemos decir que nos desestabiliza la cada vez más clara certidumbre de la imposibilidad de sostener dogmáticamente muchas afirmaciones referidas a la teoría en general, a la teoría de la clínica y a la clínica propiamente dicha. Aunque aún podemos estar sostenidos por los pilares fundamentales del psicoanálisis, tales como los conceptos de aparato psíquico, inconsciente, proceso psicoanalítico, dirección de la cura, dinámica del deseo y otros.

Entonces, nada es del todo repentino. Desde hace por lo menos 30 años que percibimos cambios pre - pandemia. Aparecieron cada vez más casos de patología fronteriza, trastornos narcisistas y fobias. En los niños: autismo, anorexia, trastornos psicosomáticos, y depresiones. En adolescentes, adicciones, trastornos de conducta, ataques de pánico, TOC, despersonalizaciones y también depresión.

Al mismo tiempo, los encuadres y las teorías se ven afectados por la tensión hacia un cambio casi inevitable. Cambio que nos interpela de tal modo que nos vemos como quien trata de nadar hacia un objetivo, y necesariamente se ve obligado a negociar con la potente corriente, para llegar a otra orilla sin dejarnos llevar melancólicamente hacia la ominosa catarata.

La inmediatez a veces aparente y otras veces realista, nos extrema en el rendimiento del tiempo, en espacios cada vez más pequeños. Insertos en una cultura en crisis, los psicoanalistas, como los economistas, los políticos, biólogos y todos los "otros" sin excepción, venimos percibiendo pequeños y moderados temblores que se acrecentaron rítmicamente hasta el "tsunami" que hoy nos parece inesperado.¿ Acaso es que muchos de nosotros estuvimos un algo hipomaniacos?

El cambio psíquico es posible aún en extremas condiciones de crisis. Pero pensamos mas insistentemente en el Cambio psíquico de los pacientes y mas mansamente en el cambio de nos los analistas. Lo deseable es esperar cambios radicales en la subjetividad de los analistas.

Pero hoy el cambio radical necesaria e inevitablemente estará más que nada a nuestro cargo. Deberemos insistir en reformular encuadres, adiestrar no solo la escucha sino la mirada (debe recordarse que mirar no es lo mismo que ver, como escuchar no es lo mismo que oír), naturalizar como parte de nuestro instrumental toda la tecnología cibernética y digital. Debemos plantearnos entonces, el cambio psíquico no solo como posible, sino como INEVITABLE!

Lo ayer imposible hoy es posible. Sesiones por videollamada como única opción de continuidad en la estrategia analítica en el marco del COVID 19.

Hasta hace días se discutía en diferentes estamentos de nuestra Asociación Psicoanalítica Argentina y seguramente en varios otros del país y el mundo, sobre el impacto de las pantallas en el quehacer de nuestra profesión y en la intimidad de las vidas de las personas y niños en general. No faltaron complejos argumentos para mostrar justificadas resistencias al protagonismo de las pantallas y sus efectos. Pero hoy se ha convertido en un recurso imprescindible, no solo para nuestro trabajo clínico y hasta quizás para la supervivencia del psicoanálisis como tarea clínica, por lo menos mientras duren las cuarentenas. Más aún se impone como recurso para mitigar soledades, aburrimientos, bancarrotas, urgencias médicas, provisión de alimentos....etc.

Inclusive en mi experiencia personal, puedo destacar beneficios en mi tarea como psiquiatra psicoanalista, tanto de adultos como de niños (ya realice sesiones familiares, de pareja, entrevista de padres y sorprendentemente para mí, un niño de cinco años pidió tener la sesión en su cuarto exigiendo que los padres no estén presentes). ¿Acaso alguna vez antes pudimos estar presentes visualmente en la habitación, el comedor y el cuarto de juego de los pacientes? En la realidad de estos días, cual es nuestro consultorio? Como se define espacialmente? Y si lo llamamos CONSULTORIO CIBER-ESPACIAL? Desarrollamos en él una CIBER-TRANSFERENCIA? Creo que ya existe una INTERSUBJETIVIDAD CIBERNETICA

Aprovecho la ocasión para resistirme al uso de la palabra "virtual" (Diccionario: 1. Que es muy posible que se alcance o realice. 2. Que solamente existe en forma aparente y no es real.).

En un artículo publicado en La Nación, el 2 de mayo de este año "Todos al diván...virtual". Se naturaliza esta palabra. Pero los analistas sabemos del poder de las palabras, aún así entre nosotros es ya de frecuente uso. Existen pioneros que fueron cuestionados en el uso de la vía telefónica y de internet pero este es el momento en que debemos considerar seriamente el análisis de esta realidad. Solo dejo la inquietud, ya que no es este el lugar para agotar teóricamente esta cuestión, aunque es un camino lateral necesario y eventualmente pertinente. Sin embargo será útil pensar porqué, las sesiones por video-llamada no son una virtualidad. Pensar sobre cuál es la "sustancia", Aristotélicamente hablando, o en el mismo sentido su traducción romana en "substancia"(lo sub-estante, lo que subyace, lo que sostiene). Entonces ¿qué sostiene que ese campo analítico es una realidad intersubjetiva ética y no una estafa para el paciente ni para el analista? Será necesario ahondar en el bagaje teórico muy abundante, de las teorías que definen al cuerpo como imagen y como éste está comprometido en el modelo tradicional del consultorio tanto en el frente a frente, en las posiciones de la sesión con diván y la imagen trans.satelital. Más acá del más allá del cuerpo del inconsciente.

Pero concentrémonos en el título que nos reúne aquí, "la pandemia del coronavirus" sus obscuridades pero también sus luces. Y la otra, la que es posible pensar como "la pandemia antes de..."

Entendemos esta pandemia, la de "antes de..." como un proceso más o menos plagado de acontecimientos expresivos en cuanto a cambios que fueron más o menos resistidos de verse en las diversas disciplinas, e incluso en las vidas de las personas. Podríamos preguntarnos nuevamente ¿qué esta primero, el huevo o la gallina"?. El coronavirus es el responsable de todo lo que nos pasa hoy día? O el coronavirus y sus efectos ominosos son consecuencia de todo lo que no pudimos y también lo que no quisimos tomar en conciencia durante el siglo pasado?

No sería eficaz pensarlo en términos de la causalidad y sus efectos, esa linealidad puede ser estúpida. Para nosotros los analistas es siempre importante entender el presente desde un pasado mediato e inmediato. Podemos recordar como dijimos antes como se incrementaron en nuestros consultorios los pacientes "borders", los "psicosomáticos", pero especialmente los ahora llamados trastornos de ansiedad, los fóbicos y los TOC.

¿Pero como pensarlos más allá de la problemática existencial humana en el contexto del ahora evidente fracaso de nuestra cultura capitalista y liberal? O acaso no es cierto que nuestras vidas se hayan visto cada vez más limitadas en el "placer de vivir", dado el incremento bizarro de la producción y el consumo, de la inseguridad, de las variadas violencias, de la corrupción de los más diversos ámbitos directivos y aún cotidianos.

Lo cierto es que los virus han sido los responsables de las grandes mutaciones. Ellos no son seres vivos, son moléculas complejas transicionales entre lo no vivo y lo vivo, por lo tanto se cree que serían responsables del origen de los seres vivos y por lo tanto del mismísimo humano. Capaces de modificar nuestra complejidad celular. Pero las Pandemias siempre participaron de profundos cambios culturales, desatando fenómenos muy destructivos pero también catalizando grandes progresos paradigmáticos.

Es interesantísima la referencia histórica a la que alude en su libro el Psicoanalista de la APA, Dr. José R Sahovaler (La erótica del dinero[1]). En su extenso trabajo de enfoque psicoanalítico sobre las vicisitudes del dinero, cita cómo durante la loca especulación de los tulipanes en Holanda (alrededor del año 1637), una Pandemia diezmó a los holandeses, principales productores de tulipanes exóticos. Tan bizarra fue este fenómeno comercial, que un solo bulbo de tulipán se podía cambiar por una lujosa mansión. Luego de la peste y de un día para el otro los tulipanes pasaron a no valer casi nada. Lo que sucedió consecuentemente fue el PANICO Y LA CAIDA DE LA ECONOMÍA HOLANDESA.

Pero nos puede ser útil pensar en que una gran pandemia no aparece de la nada, sino de un proceso de PANDEMIA PREVIA. Es posible pensar que venimos viviendo en los últimos 50 años aproximadamente, un proceso de PANDEMIA de INDIFERENCIA PARENTAL, que fue generando vacíos y disrupción en la crianza de nuestros hijos, violentando sus tiempos y procesos evolutivos (tal como son pensados desde el psicoanálisis de niños). Dejándolos expuestos a las diversas formas de desamparo primario y secundario. Vacíos propicios para la génesis de defensas autísticas, emergencia de fenómenos psicosomático y otras patologías.

---

[1] Sahovaler, José R.: *"La erótica del dinero"*, Editorial Letra Viva ensayo psicoanalítico, Buenos Aires, 2013.

Indiferencia de padres empujados al exceso de trabajo, a los que les es imposible estar disponibles para la más crucial etapa de desarrollo de sus hijos, muchas veces delegando la crianza compulsivamente. Es en esta problemática en donde creo que germina LA SEMILLA DEL MIEDO, como etiología de los ataques de pánico.

Hoy en el marco del COVID 19 cunde el pánico y la paranoia planetaria y en confinamiento obligatorio intentamos reflexionar mas que nunca, sobre todo lo que percibimos como alterado esperanzados en un futuro de mas conciencia. Y en nuestro campo del psicoanálisis aparecemos como dispuestos a una plasticidad renovadora del pensamiento para nuestra ciencia.

Bibliografía

Bianchi Carlos Federico: "Lo ominoso y trauma temprano en un niño autista", XXXII Congreso interno y XLII Symposium de la APA, Buenos Aires, 2004.

Dolto Francoise: "La imagen inconsciente del cuerpo", Editorial Paidós, Barcelona, 1986.

Freud, Sigmund: "Introducción del narcisismo", Obras Completas, Tomo XIV, Editorial Amorrortu, 1914.

Freud, Sigmund: "Lo ominoso", (1919), Obras Completas, tomo XVII, Editorial Amorrortu, 1919.

Freud, Sigmund: "Más allá del principio del placer", Obras Completas, Tomo XVIII, Editorial Amorrortu, 1920.

Freud, Sigmund: "Análisis de la fobia de un niño de cinco años", Obras completas, Tomo X, Amorrortu Editores, 1909.

Harari Yuval Noah: "Sapiens, Homo Deus, 21 lecciones para el siglo XXI, Amazon.

Liberman, David et al: "Del cuerpo al símbolo, Sobreadaptación y enfermedad somática", Kargieman, Buenos Aires, 1982.

Lorenz, Konrad: "Consideraciones sobre las conductas animal y humana", Planeta Agostini, Barcelona, España, 1993.

Sahovaler, José R.: "La erótica del dinero", Editorial Letra Viva ensayo psicoanalítico, Buenos Aires, 2013.

Sami Ali: "Cuerpo Real. Cuerpo Imaginario", Editorial Paidós, Buenos Aires, 1992.

Sami Ali: "Pensar lo somático", Editorial Paidós, BuenoS Aires, 1991.

Winnicott, D.W: "Realidad y juego", Editorial Granica, Buenos Aires, 1972.

Dr. Carlos Federico Bianchi

Médico (Universidad de Buenos Aires)

Especialista en Psiquiatría (Ministerio de Salud y Acción Social de la República Argentina - 1990)

Médico Psiquiatra (Revalidación -Asociación Médica Argentina - 2004)

Psicoanalista APA-IPA. Especialización en Niños y Adolescentes

Especialista en Psicosomática Psicoanalítica (Universidad CAECE - Buenos Aires). Miembro de IPSO (International Psychoanalytical Studies Organization). miembro actual del Departamento de Niños de APA

Ex miembro del Departamento de Psicosomática de APA

Miembro de APSA, Capitulo de Psiquiatría infanto juvenil y Capitulo Interfase neurociencia y psicoterapia.

Miembro de la WPA World Psychiatric Association.

E-mail: ccdioj@hotmail.com

El dúo dinámico
Experiencia de un tratamiento en cuarentena con un niño de 4 años

Mariela Cerioni

Y llegó ese día, el que no pensamos que esto podía suceder, al menos yo no lo hice. No me estaba pasando esto sólo a mí. Todos los profesionales nos sentimos movilizados por la situación de tener que atender a los niños en el medio de una pandemia y el confinamiento social. Contaba con una ventaja. Mi consultorio se encuentra al lado de mi domicilio particular. Podía conservar el lugar de trabajo, una parte importante del encuadre terapéutico. Era importante esto para mí, pero también para el paciente, aunque no lo pensé en ese momento. Mi consultorio, lleno de juguetes, ávidos de poder simbolizar en las manos de los pequeños pacientes, quedó en quietud al decretarse la cuarentena, junto a la orden de quedarnos en casa.

Así comenzó un nuevo período silencioso en mi lugar del encuentro con pacientes; todo ordenado en las repisas y en las cajas, a la espera de una reorganización para encontrarme con los niños de manera virtual, de los acuerdos con los padres, de nuevos horarios y modalidad para realizar las sesiones.

Los papás de Ciro, estaban dispuestos a continuar. El incipiente tratamiento, que llevaba menos de tres meses, como su hermanito, consideramos que no podía, ni debía suspenderse. "Los conflictos psíquicos no quedan en cuarentena" y con Ciro, de 4 años recién cumplidos, estábamos conociéndonos, estableciendo un vínculo transferencial, comprendiendo lo que contaba con sus dificultades para controlar esfínteres. Me pregunté ¿Cómo continuar el tratamiento psicoterapéutico de un niño? ¿Vía online? ¿Cómo hacer cuando el juego es la técnica que permite el análisis en los tratamientos con niños y se necesita presencia, movimiento, cuerpo? Mi supervisora me acompañaba y había que intentarlo.

Los primeros encuentros virtuales, mediante videollamada de whatsapp, como acordamos, fueron experimentales para ambas partes. Ciro necesitaba la presencia del papá o de la mamá, la que generalmente estaba con el bebé en brazos o amamantándolo. La sesión inicial, de manera virtual, tuvo el beneficio de lo novedoso. Ciro tenía mucho para mostrarme: su habitación, su biblioteca y un cuento con pegatinas con el que nunca había interactuado. Fue el momento de pedirle a su mamá que lo ayudara a pegar cada figura en los lugares destinados y correctos y así poder mostrarme esa relación deseada: ambos juntos, "pegoteados", su madre dedicada a él con exclusividad, compartiendo ese momento de juego, como lo supimos hacer en el consultorio. Cada imagen en su lugar, y "una más y una más… la última y una más…" y la mamá que lo invitaba a pegar "la última". Se la veía intranquila con sus repetidos pedidos de que se comunicara conmigo, que me hablara. Ciro sólo giraba el cuento hacia la pantalla del celular para que lo observe, mientras yo miraba la escena que él me quería mostrar y hacerme sentir que la quedaba afuera era yo ¿Cómo él con el hermanito?

La sesión siguiente, Ciro sólo quiso participar un breve tiempo en la comunicación y desapareció de la escena. La mamá aprovechó el tiempo restante para contarme cómo estaban viviendo la situación en la familia, que se le terminaba la licencia por maternidad y que tenía que volver a trabajar, por el momento desde la casa. Los síntomas de Ciro fueron otro tema para contarme. Berrinches, extorciones, manipulaciones constantes para no ceder sus *"cacas"* y *"hacérselas encima"*, metiéndose debajo de la mesa, provocando ese gran enchastre, cuando se descuidaban. Los consecutivos encuentros virtuales transcurrieron en el dormitorio de los padres, donde la mamá tiene un escritorio para su trabajo. En el mismo ubicaban el celular, y desde allí podía verse una cortina y la cama matrimonial. Los padres estaban cerca. Escuchaban y aparecían si a Ciro se le caía el móvil o pausaba la imagen cuando lo tocaba. Ya no me podía quedar quieta. Ciro se movía por el espacio y empecé a hacer lo mismo en el consultorio. Por ello me pareció apropiado girar la cámara, para que Ciro viera en lugar de mi cara en la pantalla del celular, el espacio y los objetos de nuestros "encuentros reales". Esto significó un cambio importante en el encuadre, muy útil para los dos. Ya no me veía yo misma (como en un espejo) en la imagen pequeña de la pantalla de mi celular. Y Ciro se reencontró con los juguetes y muebles del consultorio, lo conocido. No había considerado a esto como una cuestión relevante, hasta que comprendí que para Ciro esto era fundamental. Cuando los niños concurren a sesión en el consultorio, no están mirando al terapeuta a su cara todo el tiempo. Ambos interactúan, juegan, arman, construyen, se movilizan en el lugar, están atentos a un dibujo o a un cuento. La mirada o no del niño hacia el terapeuta es un acto esencial que ayuda y orienta sus interpretaciones.

Continuadas sesiones, transcurrieron con el escenario de fondo, la habitación de los padres, de la que Ciro salía a través de la pantalla del celular, para meterse en el consultorio y jugar a las escondidas. El objetivo era encontrar su juguete preferido, camuflado entre otros objetos, en la *"filmación de la escena"*. Piedra libre para no ocultarle nada y ayudarle a hallar esa moto azul con la que le encantaba jugar, y le tenía (tiene) un afecto especial.

Hasta que llegaron algunas modificaciones del lugar en el que lo preparaban para realizar las sesiones. Las siguientes citas virtuales la mamá, que ya se encontraba trabajando desde casa, las organizó en el living comedor. El sillón grande, dispuesto al frente y detrás de Ciro (sillón que la mamá supo describir en alguna entrevista, que era elegido por Ciro para manchar con sus cacas), y una mesa ratona, en la que desde allí se apoyaba el celular.

Paciente y terapeuta; el dúo dinámico[1]

La mamá conecta la llamada y Ciro me muestra el juguete que me quiere compartir. Es una moto, pero no cualquiera. Robin, el legendario compañero de Batman, la está conduciendo. De inmediato busco a su compañero Batman, que está en la caja de muñecos. La "cámara proyecta" lo que hago. También decido separar para que sean parte del juego a Iron Man, Superman, Flash, Capitán América y el Hombre Araña o Spiderman. Aparto también a los tres hombres arañas negros, los antihéroes de la historia.

De este modo, se comienza a armar un juego, con este dúo dinámico, en el que ambos intentamos proporcionarles su merecido a los villanos. Ciro con su Robin, yo con

---

[1]   Lo que sigue en el texto es necesario narrarlo en tiempo presente, ya que es lo que está sucediendo en la actualidad.

el Batman y la pandilla de superhéroes que colaboran en esta gran tarea.

La trama de la historia se va desarrollando entre los dos: tres villanos (los hombres arañas negros) hacen dañineadas. Uno de ellos se esconde debajo de la mesa[2] para, desde ese escondite, planificar el robo de la moto de Batman. Pero Robin está atento y lo ha visto. Y alerta a Batman, diciéndole dónde está el malvado y lo que quiere hacer. Robin propone llevar a Batman en su moto. El muñeco se mueve. Realizo la actuación del traslado con movimientos míos y de mi celular en el espacio del consultorio. Ciro (Robin) complementa desde su lugar. Imita el ruido de la moto que va a toda velocidad. Se nos unen los otros superhéroes. Robin los llama y ellos lo miran por la cámara y dialogan con él a través de mi voz. Robin les da la orden de lo que tienen que hacer -*"vayan hacia allá, llamen a Batman, llévenlos a dormir"*- y todos le responden (hago actuar a los personajes a pedido de Ciro). Batman también hace acuerdos con Robin, especialmente para premiar a los superhéroes y castigar a los villanos. Cuando Ciro quiere comunicarme algo me llama *"Mariela"*. Entonces ahí sí, giro la posición de la cámara para que hablemos. Por lo general es para pedirme que haga tal o cuál cosa o hacer acuerdos del argumento o la actuación de los personajes. También me pongo frente a la cámara para decirle que ya es hora de terminar y que nos tenemos que despedir, que llame a la mamá para cortar. Por lo tanto, hay que tener mucho en cuenta que la pantalla corresponde a los ojos del niño. La pantalla del celular hoy revela la escena que se pone en juego.

El relato o la historia de este dúo dinámico tiene continuidad, o diferentes episodios para denominarlo de alguna manera, en el que el argumento se va complejizan-

---

[2] Como Ciro también lo hace, cuando se esconde a hacer caca.

do. En sesiones subsiguientes, Ciro me espera con los muñecos del Capitán América y Spiderman (muñecos de gran tamaño) sentados al lado de él en sillitas y los suma al argumento. Los hace dialogar con los que están en el consultorio para que sean parte de la aventura. En las últimas sesiones, Ciro ha cambiado su apariencia. Ya no es Ciro, el sucio con caca, que se sienta en el sillón. Ahora él es Batman. No he preguntado aún a su mamá si ya lo tenía al disfraz o si se lo compraron. El escenario es el mismo, los personajes también. Ciro va cambiando. La mamá me envía este mensaje escrito antes de realizar la videollamada: "Está muy cerca de lograrlo… hace días que viene y me avisa que tiene ganas! Después se queja un poquito porque no quiere ir. Pero vamos".

De superhéroes y villanos

Ciro pone en la escena de este tratamiento virtual a los superhéroes. No es casual que en primer lugar haga protagonista a un Robin, juguete heredado de las manos de un niño que ya se ha hecho grande (la mamá me cuenta, en un inicio de un encuentro, que se lo regaló una amiga. El juguete era de su hijo que ya está grande y no lo usa más). Ciro necesita, en este momento difícil atravesado por la pandemia y sus síntomas que lo agobian, hacerse grande y fuerte; y el superhéroe parece ser el personaje ideal para identificarse. Robin es un pequeño superhéroe que surge de los creadores de un cómic de Batman, ante el requerimiento de que el mismo tenga un compañero para hablar e intercambiar sus ideas. A los productores les surgió la idea de que este acompañante sea un joven protagonista, un niño, ya que pensaron que podría interesarles mucho al público de poca edad, e identificarse con él[3]. Robin es el pequeño que escucha, ayuda con sus propuestas, desea crecer y ser admirado como el grande, que lo tiene muy en cuenta y lo guía con el ejemplo.

Marc Soriano (2010) se refiere sobre este tema (que es abordado en algunos cuentos de Julio Verne) apuntando al tema del aprendizaje. El mismo, dice el autor, se consolida por un binomio que forman dos personajes, por lo general un niño o adolescente o un adulto. Ambos hacen un vínculo en el que, el niño se esfuerza con la ayuda del adulto, por adaptarse al mundo y hacerse un lugar en él. Al igual que en estos cuentos, los Batman y Robin que surgen en el juego, emprenden acciones ante las situaciones problemáticas que los obliga a inventar soluciones nuevas, en donde ambos ponen su tenacidad y astucia para salir de los apuros o peligros. Alternan y se complementan. Esto le permite al Ciro identificarse con el adulto (como lo necesita hacer el niño con el padre, visto como el que todo lo sabe y puede) o aspirar con su desarrollo en convertirse en este hombre, el que a veces se presenta como un yo ideal. Y Ciro necesita crecer, diferenciarse de su hermano bebé, que le está quitando protagonismo, pero no sabe cómo. Está en la búsqueda de renunciar a sus deseos e impulsos que lo dejan pequeño y dependiente, y buscar caminos que lo ayuden a ser más independiente y encontrar a través de esto satisfacciones. Pero en su lugar utiliza sus cacas para destruir todo, especialmente a sus padres, a los que necesita mucho pero con los que en este momento está muy enojado, porque no lo están mirando con exclusividad. Entonces se vuelve un villano (personaje que no quiere ser por el temor de perder el amor de sus padres), un hombre araña negro, transgresor. Este personaje de origen alienígena, considerado un súper villano, se llaman Venom (en español se lo

---

[3] Datos extraídos de Wikipedia.

denomina Veneno). Su gran opositor es Spiderman, con el que tiene una relación de amor odio, y del que ha tomado características y apariencia. En una de las películas de la saga, es el antihéroe, ya que se aparta de toda conducta moral, quedando envuelto en situaciones de peleas por rivalidad. Los villanos son transgresores, tramposos, actúan con maldad y rebeldía, atraviesan lo prohibido, rompen normas o leyes y desafían el peligro.

La madre comenta en un cierre de sesión, que ha escuchado el juego que hacemos y que se ha dado cuenta hacia dónde se orienta. También que Ciro lo sigue jugando y que ella y el papá también lo acompañan en el juego. Los padres acentúan lo malo del villano; interpreto esto, ya que la madre dice que Ciro de ninguna forma quiere parecerse al Hombre Araña Negro. Contrariamente, necesita identificarse con los héroes, ya que tienen éxito en sus aventuras y eso lo tranquiliza. En los cuentos o historias animadas, siempre se premia al bondadoso y se castiga a los malvados los que, en la actualidad, el niño reconoce como villanos. Siempre hay personas que se unen a la maldad para oponerse al héroe, o que asisten a los mismos para ayudar al bien y que este triunfe, dice Bettelheim (1975).

Entiendo que el niño quiere identificarse con el superhéroe, por ello en las últimas sesiones aparece caracterizado de Batman y se une a la banda, a los otros grandes, poseedores de los súper poderes que los hacen triunfar. En los cuentos, los protagonistas y los acontecimientos personifican e ilustran conflictos internos, pero sugieren siempre, sutilmente, cómo pueden resolverse dichos conflictos (Bettelheim, 1975). Y hacia esto se orienta el juego de este dúo dinámico.

Sin súper poderes, aprendiendo.

Considero, como analista de niños, que estamos transitando un gran desafío, del que día a día se puede aprender. Atenta y curiosa, no puedo dejar de sentirme sorprendida, en el buen sentido de la palabra. También tengo mis momentos de dudas, desconciertos y temores. Para ello cuento con el apoyo de mis supervisoras y mis colegas, compañeros de estudio.

Es importante reconocer que poder continuar con los tratamientos de niños depende de algunos factores:

• En primer lugar, la predisposición y confianza de los padres para que el encuentro sea posible. Sin su participación activa no hay tratamiento con niños.

• La disposición de los pequeños. El interés por continuar el vínculo, el reconocimiento de la función.

• De mi parte, el entusiasmo y necesidad de encontrarme con los pequeños, para poder continuar con la función terapéutica.

A manera de cierre

El valor terapéutico de un cuento hoy

"Los cuentos infantiles encierran un tesoro de riquezas para explotar desde el ámbito de la educación y la salud. Hadas, príncipes y princesas, brujas, lobos, ogros, dragones, héroes, villanos... personajes reales y del mundo de la fantasía nos brindan un puente para llegar a los sentimientos de los chicos" (Cerioni, M. 2013)

El niño de la primera infancia puede que no encuentre una modalidad de tramitar lo que le sucede, es decir de procesar psíquicamente lo que acontece en su mundo interno, poder hablar o ponerle palabras, en especial porque su psiquismo está en estructuración. Janin (2012), se refiere a la necesidad de buscar intervenciones pertinentes, no sólo en el consultorio sino también en otros ámbitos que puedan beneficiar al niño en sus momentos de estructuración psíquica, transitando dificultades y avatares que se modifican cuando se encuentra otras vías de placer y de manifestación del erotismo o de la agresividad. Este camino se puede enriquecer, mediante la simbolización a través de las historias fantaseadas, los juegos o los cuentos. Estos últimos, con sus personajes y argumentos, también ofrecen posibilidades para realizar el trabajo vía remota con los niños. La siguiente viñeta extraída de una sesión con otro pequeño paciente de cuatro años, ilustra el valor terapéutico de un cuento clásico, interpretado en el contexto de la pandemia.

Marcos escucha atento un cuento a través de la videollamada. ¿Cuál te gustaría que te cuente? -pregunto. "Los tres chanchitos" confirma sin dudarlo. De manera espontánea, exclusiva y a través de mi imagen y voz, la narración viaja hacia el teléfono móvil de sus papás.

El cuento clásico, es de conocimiento popular. Un lobo acecha a tres indefensos cerditos, que lejos de los cuidados de su mamá y en el medio del bosque, están aprendiendo a vivir entre responsabilidades y placeres. Tres modalidades de protegerse diferente, cada uno construye, a su juicio, la casa que cree más conveniente. El lobo ataca y destruye con un soplido las endebles casas de paja y de madera y los dos menores escapan a las corridas del feroz animal, hasta protegerse en la casa del tercero, el mayor, que ha construido una casa muy fuerte e impenetrable. Los recursos destructivos que el lobo utiliza son en vano. La astucia del mismo, de entrar por la chimenea del hogar, también es burlada por los cerditos con la olla de agua hirviendo. Al fin, el lobo desiste y no aparece más por el lugar. Los pequeños han triunfado.

Pienso y resignifico. Comprendo. El niño no ha solicitado en nuestro encuentro online este cuento por azar (cuestión que siempre es así) en los tiempos que estamos viviendo. El lobo y su ferocidad que está afuera, como el "coronavirus" y con un soplido-aliento, que expulsa pequeñas gotas de Flügge, lo conduce; y así ataca. El afuera es peligroso y debemos protegernos en nuestras casas. Este "bicho" -en palabras de mis pequeños pacientes- acecha afuera y ataca si estás afuera. Mientras más desprotegidos, más expuestos. Con alivio, y facilitado por el argumento, el niño encuentro el final esperado y feliz: la historia asegura que se puede defender y escapar de los que nos persigue, encontrar una solución satisfactoria a la situación inevitable que se vive. Proporciona seguridad y esperanza. Sólo hay que quedarse en casa.

Bruno Bettelheim (1975) afirma: *el cuento ofrece al niño materiales de fantasía que, de forma simbólica, le indican cuál es la batalla que debe librar para alcanzar el resultado deseado y encontrar un final feliz.*

La gratificación del niño es evidente y no es sólo por haber escuchado el cuento. El mismo le ha acercado a través del mundo simbólico el mensaje que el niño necesita escuchar en este momento.

Referencias bibliográficas

Bettelheim, B. (1975). *Psicoanálisis de los cuentos de hadas*. 8va. edición, 2007. Barcelona. Editorial Crítica.

Cerioni, M. (2013) *"El valor terapéutico de los cuentos infantiles"*. Disponible en https://www.academia.edu/37275449/El_valor_tera-peutico_de_los_cuentos_infantiles.

Janin, B. (2012). *El sufrimiento psíquico en los niños: psicopatología infantil y constitución subjetiva*. Buenos Aires. Noveduc.

Soriano, M. (2010) *La literatura para niños y jóvenes*. Buenos Aires. Editorial Colihue.

Lic. Mariela Cerioni

Lic. en Psicopedagogía de la U.N.R.C.

Psicoanalista.

Miembro concurrente en la Asociación Psicoanalítica Argentina.

Integrante del grupo de estudio "ESPACIO DE AUTOR: Luis Chiozza" de la Asociación Psicoanalítica Argentina.

Doctoranda cohorte 2018, del Doctorado en Psicología USAL-APA. Tesis en elaboración. "Los cuentos infantiles como mediadores de los procesos de metabolización. Estudio de un dispositivo de intervención grupal en niños de 3 y 4 años". Directora de tesis Hilda Catz. Ph.D.

Atención en clínica psicoanalítica de niños, adolescentes y adultos. Consultorio particular.

Asesora del Espacio de Infancia N. Soles, jardín maternal de la ciudad de Río Cuarto, desde el año 2001 a la actualidad.

Correo electrónico: mariela_cerioni@hotmail.com

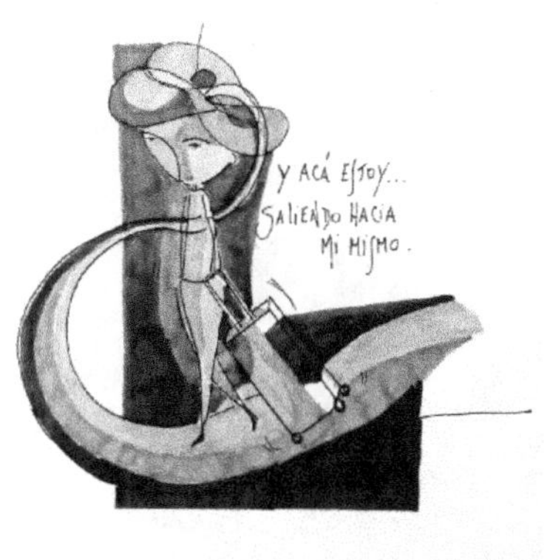

Laura Temis Jaite
Psicopedagoga Clínica
Profesora Nacional de Bellas Artes (Pridiliano Pueyrredón").
Licenciada en Artes Visuales. (U.N.A) Psicopedagoga (I.E.S N° 1 "Alicia Moreau de Justo").
Docente de Expresión Plástica
Coordinadora de talleres de Expresión Plástica
Coordinadora de taller de Expresión Plástica en Hospital de Día (PROSAM)

Capítulo 6
El Psicoanálisis arropando el Desamparo

En Tiempos de Incertidumbre y Desamparo...
"Guárdate de las heridas que sangran sin dolor".

María Pía Isely

El Desamparo de Ayer de Hoy y de Siempre. Hoy el Coronavirus nos hermana en un mismo Desamparo. Y yo me pregunto en tiempos de Incertidumbre y Desamparo: ¿Cuál será la función del Analista?

El Psicoanálisis arropando el Desamparo se enfrenta con una pregunta por el Ser, Más cercano a Hamlet que a Edipo. Más cercano al Ser que al Tener.
Y desde allí nos lleva a revisar la técnica.

"Desmentido lo siniestro la aparente mansedumbre de la realidad nos tienta, al igual que Narciso, como el lugar concreto del objeto imposible". Naturaleza de Narciso, Nasón. ¿Es esta la realidad a la que nos enfrentamos hoy más cercanas a Hamlet que a Edipo?

Y de ser así ¿cuál será la función del Analista?

Quisiera presentar la Clínica del Desamparo, teniendo en cuenta el Desamparo de la cría humana que necesita de los cuidados maternos y el Desamparo como trauma desligadura de afecto con representación. Más cercana al vínculo madre-hijo, a la mirada materna como estructurante del Psiquismo que al complejo de Edipo en lo que hace a las Neurosis. Ya Winnicott plantea la diferencia técnica en función del diagnóstico. Más cercanos a los trastornos narcisistas o psicosomáticos.

Y desde aquí nos lleva a replantearnos la clínica: si estos pacientes no han podido ser mirados por estas madres, madres que por x motivo no han podido registrar las necesidades de estos niños, o decodificar correctamente... ¿cuál será la función del analista?...

Un analista con una mirada empática que pueda decodificar y codificar el discurso del paciente fronterizo; jugando a través de la transferencia y contratransferencia la presencia- ausencia materna. Logrando así la constancia objetal. Regresando a través del análisis a aquellas etapas del desarrollo que no fueron desarrolladas sanamente.

Al hablar de Mahler, trabajar desde la función maternante primaria donde el niño, dice Mahler, paciente fronterizo, digo yo, deberá progresar a través de las previamente faltantes o insatisfactorias fases del desarrollo (pre simbiótica, simbiótica y de separación-individuación). Lograr una sana dependencia para ir en camino de la independencia que le permita un fortalecimiento de la autoestima, la individuación y la autonomía.

Trabajar como analista desde la función maternante "Good Enough" como diría Winnicott, desde el Holding, Handling y la Presencia de objeto.

Desde aquí es que considero importante las entrevistas preliminares y en el caso de los niños realizar un profundo psicodiagnóstico con una mirada psicoanalítica profunda, para desde allí establecer los objetivos del tratamiento.

Y considero que en el caso de los niños el psicoanálisis tiene un lugar privilegiado para trabajar a través de la transferencia, contratransferencia, con el juego como herramienta fundamental, pero no desde un lugar pedagógico o psicoeducativo, ni tampoco con intervenciones violentas de las fantasías inconscientes, sino en la construcción de psiquismo sano atendiendo a las fallas del desarrollo.

Considero que en el análisis de una niña pequeña en Winnicott se ve claramente en los comentarios al costado de las sesiones todo su bagaje teórico y sus apreciaciones sobre el caso, Pero sus interpretaciones e intervenciones se adaptan a la niña teniendo en cuenta la edad, el diagnóstico y el vínculo.

Así como también quisiera destacar el trabajo con los padres a través de la correspondencia con ellos donde el allí utiliza el material de los padres tanto para la mirada teórica y técnica del tratamiento de la niña.

Como en Freud en el caso Juanito que el análisis es a través del padre.

Tratamiento con niños y latentes, nuestras intervenciones ¿dependerán de la teoría?, ¿dependerán de la técnica?

Por último no me quiero olvidar de la transferencia. Creo que la transferencia nos puede ayudar también como elemento de diagnóstico y luego dependiendo del diagnóstico también se puede repensar la técnica en función de la transferencia.

¿Se interpreta la transferencia en función de los contenidos inconscientes depositados en el analista de la proyección de los padres o figuras significativas del paciente?

O dependiendo del diagnóstico: ¿Se vive la transferencia en un vínculo intersubjetivo con la persona del analista? La transferencia in vivo con el Analista.

Y por último considero importante el tiempo de espera como dice Winnicott, hasta que el latente o el adulto en muchos casos, pueda entrar en análisis, en sentido de la asociación libre. Y mi pregunta es en ese tiempo de espera a través de un juego, una palabra, un vínculo de empatía, de comprensión, de holding, de silencios...... ¿.no es psicoanálisis?

Todas estas cuestiones que me cuestioné hace un tiempo me llevaron hoy en día a trabajar en el consultorio On line, el cual nunca le tuve mucho interés sin embargo amoldarnos a la necesidad será hoy nuestro objetivo sin descuidar la disociación instrumental ni la ética profesional

Ferenczi (1931) en "El Análisis infantil en el Análisis de Adultos" nos dice:

'Tenemos la impresión que los niños superan incluso shocks graves, si está a mano la madre y esta actúa con comprensión y ternura y con toda sinceridad'. Él les tomaba la mano, sin embargo, aunque hoy no podamos tomar la mano de nuestros pacientes.

El holding y el Handling con nuestra escucha atenta y mirada contenedora aun por video llamada fortalecerá su sistema inmunológico para que un entorno disruptivo (Benyakar, 2003) no se torne traumatogénico.

Y en "la Adaptación de la Familia al niño".

Ferenczi (1928) plantea como los padres el ambiente la civilización inciden en los traumas tempranos. Recuperemos la Ética del cuidado. No sólo hoy con el Coronavirus sino desde siempre. Entre tanto Déficit Atencional brindemos la atención que nuestros niños necesitan y se merecen.

En Tiempos de Incertidumbre y Desamparo...

"Guárdate de las heridas que sangran sin dolor".

Hoy el Psicoanálisis nos convoca a arremangarnos y

comprometernos con nuestros pacientes sin perder la disociación instrumental ni la Ética Profesional.

Dice Milmaniene "Somos clínicos e intentamos dar un alivio al sufrimiento humano. Debemos tomar conciencia de nuestra Responsabilidad Ética en la dirección de la cura".

La clínica actual, pacientes que llegan a la consulta desbordados de Q energética, son los pacientes de Ayer de Hoy y de Siempre, son los pacientes de Mas Allá del Principio de Placer.

Por eso comparto con Marucco que la verdadera formación está en la formación permanente y está todo escrito en las obras de Freud. Su teoría es nuestro encuadre y la técnica estará en constante revisión con los aportes de los Psicoanalistas Contemporáneos.

Siendo creativos y sensibles dentro de un ámbito de seguridad teórica.

El Psicoanálisis es una Experiencia Maravillosa realizada en común donde ambos salen enriquecidos el paciente con una nueva dimensión de mismo recuperando la pulsión de vida recuperando el despliegue de sus potencialidades que fueron obturadas por efecto de lo traumático...y el analista con la sensación de que los que esperan mucho de él son a menudo quienes más le enseñan.

Con un encuadre flexible dentro de un ámbito de seguridad teórica.

El Desamparo Generalizado del que veníamos antes, allí incluyo los trastornos del espectro autista y la medicalización en la infancia, el cáncer, el abuso sexual, la violencia de género y la violencia generalizada. Hoy el Coronavirus nos hermana en el mismo Desamparo.

¿Qué nos diría Winnicott?:

"Lo que le importa al paciente no es tanto la exactitud de la interpretación como la disposición del analista a ayudar, la capacidad del analista para identificarse con el paciente y creer en lo necesario, y para satisfacer la necesidad en cuanto ésta es indicada verbalmente o por medio del lenguaje no verbal o pre verbal."

Ferenczi (1928)

Dice así "la forma en que el niño se adapta a la civilización en sus primeros cinco años de vida determinará la forma en que enfrentará todas las dificultades de su vida ulterior.

Los verdaderos traumas que se producen durante la adaptación de la familia al niño aparecen en los estados de transición desde las más primitivas etapas de la infancia hasta la civilización no solo desde el punto de vista de los hábitos de limpieza sino también de la sexualidad. "pág. 69

Desde aquí Ferenczi introduce conceptos novedosos y fundamentales la importancia del Otro Significativo en la Salud o bien en la enfermedad. Para mi criterio totalmente adaptable a padres docentes médicos psicoanalistas políticos.

Como agentes de Salud. Que hoy con el aislamiento y la Pandemia debemos tener en cuenta para no re traumatizar a los pacientes en su propio Desamparo y ayudarlos a sobrellevar esta difícil situación que nos atañe a todos.

Hoy estos aportes nos convocan a arropar el Desamparo un Desamparo que nos arrasa a todos, niños adolescentes padres aun psicoanalistas.

En Tiempos de Incertidumbre y Desamparo…

"Guárdate de las heridas que sangran sin dolor".

¿A dónde se dirige el Dolor ante la imposibilidad de elaborarlo o metabolizarlo?

El dolor sin nombre del Desamparo, a un ataque de pánico, a una enfermedad psicosomática, a un acting out, a una crisis violenta.

Quisiera ilustrar el modo de abordar el Desamparo con dos casos clínicos:

Una paciente de 12 años, con asma abandonada por su madre, con llanto desbordante a modo de hemorragias, descargas energéticas sin posibilidad de tramitación.

A quien le prohibían la posibilidad de llorar. En aquel escrito marqué dos intervenciones mías: La llamaré Peggy.

Primer intervención: darle permiso para llorar y sostenerla desde la función de sostenimiento de la que habla Winnicott: el analista está sosteniendo al paciente y a menudo esto se manifiesta mediante la comunicación por medio de palabras y en el momento apropiado que viene a demostrar que el analista conoce y comprende cual es la angustia más profunda que se está experimentando y de vez en cuando el sostenimiento debe adquirir una forma física.

Nuestra escucha atenta y nuestra mirada contenedora aun por skype o video llamada, hoy en día servirá de sostén.

Dice Winnicott: "De nada sirve las palabras de consuelo cuando nuestros hijos sufren de dolor de oídos."

¿Por qué traigo este tema hoy? Porque pareciera que desestimamos la sensibilidad de los niños, ellos no solo sienten la pandemia, el aislamiento, el miedo, sino que también perciben las sensaciones y emociones del entorno y de sus padres

Entonces: ¿Cómo tramitar el dolor desde la función del analista?

¿Cuál es nuestro lugar como analistas en la clínica Actual más cercana a Hamlet que a Edipo?

¿Cómo trabajar con estos pacientes en desamparo desbordados de Q energética sin posibilidad de tramitación?

¿A dónde se dirige el dolor?

Segunda Intervención: Cito a Mary (pareja del padre) con el objetivo de interiorizarme de la historia de Mary. Qué se estaba repitiendo en ambas historias que se le repetía a Mary que lloraba a la par de Peggy. Y el motivo de consulta parecía ser la intolerancia de Mary de verla llorar a Peggy pidiéndole que ahogue su llanto. ¿Eso sería el asma? ¿Ahogar el llanto?

Pero qué se repite me pregunto. ¿Un intento de elaborar? Pero un intento fallido de elaborar. ¿A la espera de otro que lo rescate?

Me cuenta que está leyendo el Mar de Lágrimas de Alicia: ¿Que trae Peggy en esta sesión?

Por un lado los cambios físicos en la Pubertad, en relación a esta Alicia que se agranda y achica, cambios que se viven como ajenos, Por otro lado el mar de lágrimas como angustia pura un quantum de energía que no puede ligar y necesita descargar, un trauma que no le permiten elaborar frente al mandato de Mary de no llorar, en la sesión anterior M le decía: "después no te quiero ver una semana llorando"…y en Alicia lee" Debería darte vergüenza empezó a regañarse Alicia…una niña tan grande como tú y llorando…

"¡Dios mío que cosas tan raras están pasando hoy! Y pensar que tan solo ayer todo sucedía como de costumbre… ¿era yo la misma al levantarme? Pero si no soy la misma… ¿Quién soy Yo?"

(Esto también nos pasa hoy en día con la cuarentena y la pandemia, la sensación de extrañeza, por eso quise compartirles este caso).

Que se pregunta Peggy con todo esto esa madre que se fue luego de 2 años, y pensar que tan solo ayer todo sucedía como de costumbre, esta madre que no los va a buscar a la guardería esa madre que de un día para el otro se fue sin dar explicaciones, esa mudanza a la casa de la abuela pensando que solo iban a visitarla y sin embargo "no fueron unos días, fueron años" dice Peggy.

En "Inhibición Síntoma y Angustia" Freud plantea que en las primeras épocas del desarrollo el trauma puede ser ocasionado por un empuje pulsional frente a un yo aún débil para dominarlo, trauma de nacimiento, angustia frente a la separación materna, trauma de castración.

Cuando Freud habla de neurosis traumática insiste en el carácter a la vez somático del organismo, que provoca una afluencia de excitación y psíquico del trauma. Frente a la afluencia de excitación que irrumpe y pone en peligro su integridad, el sujeto no puede reaccionar frente a una descarga adecuada ni por medio de una elaboración psíquica, desbordado en sus funciones de ligazón, repetirá de forma compulsiva especialmente en los sueños la situación traumática a fin de intentar ligarla.

Cuando el principio de placer queda abolido lo primero que intenta el aparato es dominar el estímulo, ligar psíquicamente los volúmenes de estímulo a fin de conducirlos luego a su tramitación. Sin embargo es distinto dominar de elaborar.

En Peggy podríamos pensar en esta angustia pura que produjo en un momento en que no podía ligar, no representar a la vez pensando el abandono materno como trauma. Freud al hablar de trauma va a tener en cuenta el tipo de estímulo y el estado de apronte del aparato. A la vez se le repiten a Peggy al mismo tiempo que se le re significan situaciones de abandono, ¿Desamparo? ¿Holding? (trauma acumulativo)

Mi objetivo a lo largo del tratamiento fue que pueda llorar, que pueda encauzar el afecto; poder ayudarla a ligar el afecto con la representación y poder simbolizar.

Así como afianzar la confianza básica de la que habla Winnicott; poder esperar; poder escuchar; poder estar presente desde la mirada y la escucha.

Y desde aquí nos lleva a replantearnos la clínica: si estos pacientes no han podido ser mirados por estas madres, madres que por x motivo no han podido registrar las necesidades de estos niños, o decodificar correctamente... ¿cuál será la función del analista?...

Segundo caso: Actual

La llamaré Celeste.

Motivo de consulta:

Los padres realizan la consulta preocupados por ciertas conductas de la niña inquieta, rebelde, manifiestan que tiene una amiga imaginaria con la que juega permanentemente y también comentan que se quiere volver al Hogar o a vivir con María (ayudante del hogar que la llevó varias veces a su casa). Siempre está como en otro mundo.

Algunos datos de la historia:

Celeste es hija adoptiva de los padres que realizaron la consulta. Está con ellos desde hace aproximadamente 3 años.

Indagando en la Historia me cuentan que a los 20 días

tuvo politraumatismo de cráneo por una caída de los brazos de su madre biológica.

Vivió en un Hogar, luego estuvo con la asistente del Hogar con quien se encariñaron mucho, luego hubo un intento de adopción pero los devolvieron; a Celeste y su hermano un año, mayor que ella.

Luego de realizar un psicodiagnóstico.

Se observa una niña con dificultades en el control de sus impulsos, dificultad en el contacto e interrelación con el medio circundante, una personalidad disociada con refugio en la fantasía.

Sugiero tratamiento Psicológico para la niña con entrevistas de Orientación a Padres.

Desde aquí se trabajará en el tratamiento psicológico para favorecer su independencia intelectual y sus fortalezas sin descuidar que en más de una oportunidad necesite de nuestra ayuda.

Si la escuchamos con paciencia y empatía adquirirá confianza en sí misma y favoreceremos el desarrollo de su Inteligencia.

Por ese mismo motivo seguiremos trabajando con los padres y en esta oportunidad la que escribe terapeuta para darle las herramientas y la fortaleza necesaria para que siga en ese camino de una sana evolución. Restableciendo la confianza básica que ha perdido por efecto de lo traumático y la lleva no sólo a refugiarse en la fantasía sino a atacar a quienes hoy la cuidan por temor inconsciente a una nueva pérdida.

Desde aquí se trabajó no sólo con la niña sino también con los padres en la puesta de límites con Amor y Empatía mostrándole a Celeste que ellos hoy son su familia y que la eligen así cómo desean que sea parte de ella. Recomiendo a los padres Tolerar sus enojos y devolverle el amor y la confianza básica para disminuir sus temores a una nueva pérdida.

Sugiero tratamiento Psicológico para la niña con una frecuencia semanal y Orientación a padres.

Este mes de marzo 2020 retomaron el tratamiento luego del receso escolar. Observo una notable mejoría en la niña. La noto muy bien, ubicada en tiempo y espacio. Sin disociación de la personalidad, con menor refugio en la fantasía y muy buena memoria. Esto es de muy buen pronóstico. En lo que va de la primera entrevista a la fecha realizó 3 meses de tratamiento. Y continuará con el mismo de 6 meses a un año.

6 de Febrero 2020
Retomamos el tratamiento luego del receso escolar.
La madre me comenta: "Me sirvió muchísimo lo que hablamos en las entrevistas. Celeste cambió muchísimo las reacciones que tenía. Disminuyeron los ataques. Quiero disfrutar de la crianza. Quiero cambiar todo eso. Si yo estoy bien, ellos van a estar bien". Continúa la madre: "Un día Celeste le dijo "¿Por qué la que me hizo no nos cuidó?" "Ella quería que la que la tuvo en la panza sea quien la cuide".

En las entrevistas con los padres se trabajó no solo la posibilidad de comprender el Desamparo de Celeste que en su actitud retaliativa atacaba el objeto-madre o padre por temor a una nueva pérdida. Sino también el Desamparo de estos padres indagando en sus propias historias.

Cada vez que Celeste hablaba de su madre o padre ellos lo sentían como una herida narcisista. La posibilidad de entender que no era hacia ellos les permitió contenerla y arroparla en su Desamparo primario.

Cuando comenzó la cuarentena continuamos con sesiones por video llamada con Celeste y los últimos 5 minutos ella llamaba a su madre y yo le hacía una devolución.

Viñetas de las sesiones virtuales:

Celeste:

"Antes que me adopten yo vivía en un hogar. Teníamos un montón de bebes y un montón de cunas".

"Hoy jugamos a la guerra. Yo era la capitana y el Sol los quemaba. Ganó el Sol porque todos murieron".

"En el pino hicimos una nave. Tiene tres sótanos. Nos protegemos de la lluvia".

Aquí se observa la posibilidad de tramitar el impacto del Coronavirus a través del juego simbólico. Una herramienta que la niña al comenzar el tratamiento no tenia, el juego simbólico, un logro del Self.

Para concluir la madre me cuenta emocionada que esta semana la niña le dijo. "Yo quería estar en tu panza" y la madre le contestó: "y yo quería que estés en mi panza". Y mientras yo converso con la madre los últimos 5 minutos de la video llamado, se escucha decir a Celeste, "Mira Mamá". Y la madre le devuelve la mirada con una sonrisa. Y me dice: "Esto de la cuarentena, el hecho de estar con ella, nos permite estar juntos".

La mirada materna, esa mirada que unifica y que pone palabras al dolor sin nombre del Desamparo, a través de la mirada del analista que mira a esta madre en su propio Desamparo y desde allí ella puede mirar a su niña.

Y desde aquí el Psicoanálisis se enfrenta con una pregunta por el Ser, Más cercano a Hamlet que a Edipo. Y desde allí nos lleva a revisar la técnica.

"Desmentido lo siniestro la aparente mansedumbre

de la realidad nos tienta, al igual que Narciso, como el lugar concreto del objeto imposible". Naturaleza de Narciso, Nasón.

¿Es esta la realidad a la que nos enfrentamos hoy más cercanas a Hamlet que a Edipo?

Y de ser así ¿cuál será la función del Analista?

Dice McDougal, "¿no es posible que Narciso, niño-flor-frágil, que acecha a su propia imagen, busque en el estanque un objeto perdido que no es él mismo sino el reconocimiento de sí en los ojos del Otro? Ese reconocimiento de sí como ser separado y único lo busca ávidamente en las pupilas maternas, reflejo destinado no solamente a enviarle su imagen especular sino también todo lo que él representa para su madre (Winnicott). Así se reconocerá como sujeto con un sitio y un valor propio, a través de los ojos del Otro que le mira y que le hable."

Entonces nuestro objetivo será que cuando el paciente mire a través del espejo no encuentre solo un espejo... sino que se encuentre a sí mismo.

Y retomo una frase de Peggy de su última sesión, me cuenta que está leyendo "Amar, Vivir y Aprender"

"¿Vivir, Amar y Aprender?", le pregunto.

"No, creo que es Amar, Vivir y Aprender".

Quizás para todo niño y todo ser humano debería ser: "Amar, Vivir y Aprender". Como dice Peggy: "Amar para poder Vivir y así poder aprender".

"La psicoterapia es un devolver al paciente lo que este trae. Es un derivado complejo del rostro que refleja lo que se puede ver en él. Me gusta pensar en mi trabajo de este modo, y creo que si lo hago lo bastante bien el paciente encontrará su persona y podrá existir y sentirse real. Sentirse real es más que existir: es encontrar una forma de existir como uno mismo y de relacionarse con los objetos como uno mismo"

D. Winnicott

En resumen: ¿Cuál es la función del analista?

El analista en el papel de Eco no serviría de mucho. Para salir de esa situación deberá no-solo callarse cuando siente deseos de decir una palabra, sino que también deberá hablar cuando tenga deseos de callarse. (McDougall, 1978)

Mientras el paciente no se sienta atrincherado detrás de su propia identidad y valor, el analista será llamado a cumplir lo que Winnicott describe como "sostén (holding) de la situación en tiempo y espacio". En el ámbito de la función analítica, significa sostener y contener los elementos psíquicos que el paciente despliega hasta que es capaz de vivenciarlos en la transferencia. Dice McDougall: " Si alguna vez el paciente nos permite entrar en su fortaleza, si nos tiene suficiente confianza como para que revelemos en él las fuerzas de la vida y de muerte selladas conjuntamente de manera precaria, si finalmente podemos reconocer la violencia de esas mismas fuerzas en nosotros, entonces hay grandes posibilidades para que ambos salgamos enriquecidos de esa aventura analítica realizada en común: el paciente con una nueva dimensión de sí mismo y el analista, con el descubrimiento de que los que esperan mucho de él son a menudo quienes más le enseñan".

Para concluir:

¿Que nos diría Freud en tiempos de Incertidumbre y Desamparo?

Y encontré una de las tantas cartas que Freud les escribió a sus hijos en plena guerra y Exilio. Sin desmentir la realidad Freud siempre termina sus cartas con amor y esperanza.

"Mi querida Sophie:

Las expectativas por las negociaciones de Paz es muy grande y la cantidad de restricciones desmedida. Sobrepónganse a los terribles tiempos actuales. No se preocupen por la suspensión de los negocios. Salude a los pequeños con todo nuestro afecto y envíennos noticias pronto.

Su viejo

Freud"

Esto es lo que a mí me enseñó Freud a ser resiliente en un mundo en Desamparo y nunca perder la Esperanza por un mundo mejor. .

Recuperando con el Psicoanálisis la pulsión de auto conservación y el instinto de Supervivencia.

El Psicoanálisis es mi Esperanza. Nos ha dado innumerables herramientas para sobrevivir a la intemperie.

Y mi Esperanza estará depositada en la capacidad ilimitada para mi criterio del ser Humano de ir en camino de su Evolución. Como lo fue Freud a lo largo de toda su vida.

Arropemos el Desamparo de Ayer de Hoy y de Siempre en especial para aquellos que Hoy depositan su confianza en nosotros.

Bibliografía

Benyakar M (2003): *Lo Disruptivo- Buenos Aires-* Editorial Biblos-

Ferenczi Sandor (1926) *Problemas y Métodos del psicoanálisis-* Ediciones Horme- Bs As- Argentina-2009

Freud, S (1893-1920) : *"Cartas a sus Hijos"*. Tomo II, Editorial Paidos, Buenos Aires, 2016.

Freud, S. (1914): *Introducción del Narcisismo* – Obras Completas – TomXIV – Buenos Aires – Amorrortu editores-1979

______ (1920): Más allá del Principio de Placer – Obras Completas – Tomo XIV – Buenos Aires – Amorrortu Editores – 1979

______ (1926a): *Inhibición, síntoma y angustia* – Obras Completas - Tomo XX – Buenos Aires – Amorrortu Editores -1979

______ (1950 [1895]): *Proyecto de Psicología* – Obras Completas –Tomo I   Buenos Aires – Amorrortu Editores - 1986

Green, A (1986): *De Locuras Privadas* – Bs. As. – Amorrortu editores – 2001

Lacan J. (1949) *"El Estadío del Espejo como formador de la formación del yo tal como se nos revela en la experiencia psicoanalítica"* en *Escritos I* - Editorial Paidós-Buenos Aires-1993.

McDougall, J. (1978) *Alegato por una cierta anormalidad-* Edit. Paidos-1996- Buenos Aires

Winnicott, D. (1954c): *Aspectos metapsicológicos y clínicos de la regresión dentro del marco psicoanalítico en Escritos de Pediatría y Psicoanálisis* – Barcelona – Editorial Laia – 1979

______ (1956) *Preocupación maternal primaria en Escritos de Pediatría y Psicoanálisis* – Barcelona – Editorial Laia – 1979

______ (1967b): *Papel de espejo de la madre y la familia en el desarrollo del niño; en Realidad y Juego* – Gedisa editorial – Barcelona 1979

______ (1969b) *La experiencia de mutualidad entre la madre y el bebé en Exploraciones Psicoanalíticas I* – Buenos Aires – Editorial Paidós   1991

______ (1971): *Realidad y juego*-Gedisa editorial-Barcelona-1979

María Pía Isely de Dousdebes

Licenciatura en Psicología, Universidad del Salvador.
Psicodramatista, de Psicodrama Psicoanalítico Grupal de Eduardo Pavlovsky.
1998: Fundación CIAP, Especialista en Clínica Psicoanalítica de Niños y Adultos y Coordinación y Terapia de Grupos.
Concurrente invitada de APA
Maestranda en Psicoanálisis USAL APA
Doctoranda en Psicología. USAL- APA. Lo Disruptivo
Consultorio Privado del 93 a la fecha. Atención de Niños Adolescentes y Adultos
2012- a la fecha Coordinadora de Centro Hope: Centro Psicoanalítico en la atención de niños y adultos. Admisora y Supervisora. En Adrogué, Bs. As.
E-mail: iselymariapia@yahoo.com.ar

El docente: "Profesional de la Educación y actor de inclusión social en tiempos de Pandemia"

Mirta Iwan

Frente al mar de incertidumbres que cruzan hoy a los habitantes de todo el mundo, les docentes de la Ciudad de Buenos Aires, se muestran comprometidos con su tarea y aceptan el desafío que les presenta lo educacional a distancia y lo tecnológico. Son conscientes de la importancia que tiene la Institución Escuela en la transmisión de la cultura, una cultura integradora y solidaria según nuestra tradición histórica.

Apenas comenzado el ciclo escolar 2020, cuando les docentes no habían llegado aún a reconocer por sus nombres a sus alumnes, ni a evaluar sus haberes previos ni a establecer las pautas para vincularse con su grupo, se produjo un cambio abrupto en la dinámica escolar. Esta dinámica se basaba, fundamentalmente, en el encuentro en el aula mediado por un clima social poblado de miradas, voces y contactos cuerpo a cuerpo. Efectivamente, se produjo una ruptura de la cotidianidad. Es decir, se debieron desestructurar los proyectos pedagógicos planificados, por lo cual, el docente quedó sometido a una exigencia adaptativa. Se dejó de lado el dispositivo escolar clásico, en tanto que ya no sucede lo predecible ni lo esperable. Asimismo, el sistema de trabajo perdió su tiempo y su espacio habitual. Ya no se cumple el horario de la jornada laboral: el docente puede recibir y enviar tareas escolares durante todo el día, inclusive de noche. Tampoco dispone del espacio de su escuela o aula para desempeñar su función docente. Ha perdido la organización que es fundamental como soporte de lo pedagógico. Estas situaciones generaron en los educadores muchos grados de tensión, que se expresan actualmente en términos de insatisfacción, ansiedad y malestar. Algunos profesores de escuelas secundarias observan que sus estudiantes no les responden los mails ni les envían las tareas para su corrección, aun en los casos de aquellos que disponen de los medios tecnológicos a su alcance. También ocurre que al no haberse podido construir los vínculos entre el docente y el niño o adolescente no se posibilita un adecuado sostén emocional y lxs alumnes se muestran inhibidos para realizar las tareas escolares. Esa corriente de retroalimentación en el diálogo- que se necesita para construir el vínculo- se ha cortado. El docente emite una señal y no recibe devolución por parte de su alumno, esto no permite el "ida y vuelta", un "dar y recibir" con el fin de compartir información, dudas o preocupaciones.

Evidentemente, no es lo mismo el entorno virtual que el entorno del aula, de la escuela, donde se da una coincidencia de lo físico y lo temporal, generándose mayor proximidad entre docente y alumne y facilitándose el diálogo. De esta forma, online, muchos profesores de secundarias de zonas vulnerables temen que sus alumnos adolescentes abandonen sus estudios. Al mismo tiempo. también sienten miedo a perder su posicionamiento en el rol docente. Miedo a convertirse en meros transmisores de consignas escritas y a ser reemplazados por máquinas. Miedo a no poder satisfacer las exigencias de padres y directivos, a no estar a la altura de las obligaciones de conocimientos tecnológicos. Este temor justifica por si solo que nos dediquemos a su análisis:

En conversatorios de docentes online, coordinados por profesionales de la Salud y la Educación, les maestres y profesores se permiten contar su sufrimiento. Sienten que están a merced de acontecimientos que no pueden controlar, hay un sentimiento de impotencia. Los afecta una crisis de identidad y es una de las principales fuentes de malestar. Les docentes poseían autoridad intelectual frente a sus alumnes en el aula, brindaban un saber y se sentían reconocidos por la valoración social de su tarea. En la actual coyuntura, a nivel mundial, producida por el covid-19, el docente no sólo sufre una pérdida de su rol como profesional de la educación, sino que es sometido a la presión y a la exigencia por dominar rápidamente una práctica tecnológica. Es decir, es obligado por las circunstancias a contar con las habilidades para crear un aula virtual sin el nivel de conocimiento necesario para ello. Sin el "saber hacer". Esta situación lo lleva a perder confianza en sí mismo, a sentirse más perturbado y vulnerado, sumado a que la realidad del aislamiento acrecienta sus emociones de desvalimiento. Por otro lado, esta perplejidad, que se genera ante un cambio tan drástico e inaudito, constituye una causa de angustia y sufrimiento que toma la forma del miedo a ser incompetente, a no poder estar a la altura, a ser incapaz de enfrentar situaciones inesperadas donde justamente esté involucrada la responsabilidad.

El trabajo virtual, solitario, es diferente al aula dentro de la escuela real, donde se facilita el diálogo y la cooperación entre compañeros de trabajo y personal de conducción. "La escuela es irremplazable", comentaba una docente con trayectoria de 18 años, que manifestaba sentirse perpleja ante este abrupto cambio en su profesión: "Por primera vez en muchos años de trabajo siente miedo a ser incapaz de resolver correctamente estas eventualidades.- Necesito volver a mi escuela, a mi escritorio y volver a ser la "seño" de mi grupo de chicos, expresa con voz entrecortada.

Efectivamente, con esta reorganización de su trabajo, ella se ve colocada en una situación muy dolorosa en relación a lo que un docente entiende por "enseñar". Enseñar no es solo informar, llenar de contenidos el pensamiento, sino subjetivar al otro, es darle afecto, es humanizarlo, es hacerlo persona. Es por ello que la escuela, su edificio, sus patios y sus aulas pobladas de niños y adolescentes son espacios irreemplazables. Tampoco es posible reemplazar al docente en el aula.

Cuando la relación con la tarea está contaminada por el miedo, como sucede en el caso de la amenaza del Coronavirus, se percibe una vivencia subjetiva que trae sufrimiento psíquico.

Según Dejours, Ch.(2019), psicoanalista especializado en temas laborales, el trabajo penetra en la subjetividad, en lo más profundo, incluso dentro de nuestras relaciones amorosas, dentro de las relaciones con nuestros hijos. El vínculo psíquico que establecemos con el trabajo, afecta el desarrollo psicológico y afectivo de nuestros chicos y el sufrimiento en el trabajo se traslada a los hijos y esto está sucediendo por la Pandemia, en muchos hogares. Las madres docentes cuyas bases de identidad están siendo puestas en cuestión, se sienten agobiadas frente a la imposibilidad de cumplir con su rol docente, signado por la interacción, el intercambio afectivo, la comunicación directa con les niñes.

Así se expresaba una docente de Nivel Inicial de sala de 5, preescolar:

-Mi rol está desdibujado, me siento en una nube...-no sé ni a donde vamos...-es todo tan confuso!!

-Por internet yo mando actividades, juegos matemáticos, pero... ¿de qué sirve? Si no puedo observar directamente a los niñes, tampoco puedo hacer las intervenciones propias de una docente. No puedo ver cómo el niñe lo intenta resolver, no puedo re-preguntar...

-Hago lo que puedo, tengo una hijita de 2 años, ella también iba al jardín, ahora está insoportable. Quiere salir, grita:-ascensor, caminaaar!!!

-Cuando ve que enciendo la "compu" para trabajar, empieza a los gritos. -¡¡Nooooo,Nooooo!!

- Estoy preocupada, hace días que está muy selectiva con la comida, rechaza casi todo...

Pese a que las madres docentes, traten de ocultar su malestar y su desestabilización, tarde o temprano los hijos, lo manifiestan con sus perturbaciones de conducta.

Por otra parte, se observa también en algunos docentes un bloqueo afectivo, como defensa ante la ansiedad y sufrimiento que la pandemia genera. Ellos se refugian en su trabajo y se exceden en cantidad de tareas escolares que programan y reprograman para sus alumnos. "Dan" tarea y olvidan la importancia de un trabajo reflexivo para analizar la situación junto con las familias implicadas, que también viven con angustias silenciadas porque están en presencia de sus hijos las 24 horas de la jornada y no pueden hablar de lo que realmente les está pasando. Sumado esto al hecho de no poder salir con expectativas de encontrar orientación y contención, debido al aislamiento y el desamparo.

Entonces, ante este panorama, nos permitimos una pregunta: ¿Quién asiste al que asiste?

Acaso, ¿no deberíamos dirigirnos a les docentes como personas que están atravesando una situación crítica de pandemia, para que puedan elaborar el alto monto de ansiedad generada por el cambio en su posicionamiento del rol docente y el impacto recibido en sus propias vidas? Posiblemente, si escucháramos a los docentes, con sus necesidades personales acalladas, alcanzarían una mayor operatividad en su tarea de sostener los lazos sociales vivos con sus alumnos y alumnas.

Para concluir, podemos recordar una cita de Sigmund Freud (1893), sobre su maestro Charcot, que nos permite una reflexión sobre el irremplazable valor del contacto interpersonal que genera la escuela y que, a su vez, nos permite entender el porqué de esta especie de duelo que docentes y estudiantes están atravesando:

"Cada una de sus conferencias era una pequeña obra maestra de construcción y de composición; la forma era perfecta y causaba tanta impresión que en todo el día uno no podía expulsar de su oído la música de lo que él había pronunciado, ni de su espíritu la idea de lo que había demostrado (...) Nunca pareció más grande a sus oyentes que cuando, al dar cuenta lo más fielmente posible de su modo de pensar y al abrirse francamente sobre sus dudas y vacilaciones, había logrado reducir el abismo entre el maestro y el alumno".

- The Complete Psychologycal Works of Sigmund Freud, The Hogarth Press, 1962 "Charcot" (1893), Cahiers Confrontations, n°9, Aubier, 1983. Extraída del Libro: Freud, una Biografía Política. René Major y Chantel Talagrand. Editorial Topia. Lugar de edición: Buenos Aires.

Bibliografía

Bleichmar, S. (2010) *El desmantelamiento de la Subjetividad. Estallido del yo.* Editorial Topia. Lugar de edición: Buenos Aires.

Dejours, Ch. (2019) *El Sufrimiento en el Trabajo.* Editorial Topia. Lugar de edición: Buenos Aires.

Dejours, Ch (2006) *Banalización de la Injusticia Social.* Editorial Topia. Lugar de edición: Buenos Aires

Solves, H. (compiladora), Marucco, M., Zurita Irurzum, Volponi de Chamorro, Golzman,G., Quiroga, J. (1996) *La escuela, una Utopía cotidiana.* Editorial Paidós. Lugar de edición: Buenos Aires.

Major,R.,Chantal Talagrand (2007) Sigmund Freud, *Una biografía política.* Editorial Topia. Lugar de edición: Buenos Aires.

Quiroga, A. (1986) *Enfoques y Perspectivas en Psicología Social.* Ediciones Cinco. Lugar de edición: Buenos Aires.

Lic. Mirta Iwan

Graduada en Ciencias de la Educación por la Universidad de Buenos Aires (UBA)

Graduada en Psicología Social, en la Primera Escuela Dr. Enrique Pichón Rivière.

Psicopedagoga Clínica con orientación en Psicoanálisis de Niños y Adolescentes. Co-fundadora y Directora de la Escuela Infantil Mi Grupito. Dirección General de Enseñanza Privada. Secretaria de Educación, Caba.

Ex Profesora de Cátedras en Universidad de Buenos Aires e Institutos de Formación Docente del Interior y CABA.

Capacitadora docente en instituto de Investigaciones Psicológicas (ISIP) en proyectos para directivos del Nivel Inicial, Primario y Medio.

Orientadora Escolar del Centro de Orientación Vocacional y Educativa, del Instituto F.F. Bernasconi. Secretaria de Educación, CABA.

Psicopedagoga del Cuerpo Medico Escolar de San Rafael, Mendoza.

Docente Invitada en el curso-taller de" Psicoanálisis y Educación" del Centro de Estudios de APA (Asociación Psicoanalítica Argentina).

Año 2019. Participación activa en Jornadas y Congresos de Salud y Educación en el país y el exterior.

Artículos publicados en Topía revista de Psicoanálisis y Cultura, Noveduc y otros.

Miembro Concurrente de APA (Asociación Psicoanalítica Argentina)

Miembro titular Forum Infancias Red Federal.

Comisión Clínica y Educación. Comisión de Primera Infancia.

E-mail: mirtaiwan@yahoo.com.ar

Capítulo 7
Abuelos y nietos en la pandemia

Marta Lago

La pandemia, un cuento de la infancia y algunas reflexiones están trenzadas en este breve diálogo, y de repente todo cambió, el coronavirus se instaló en nuestras vidas a través de los medios, y el otro se volvió un extraño del que hay que defenderse. Empezamos a aislarnos socialmente, a refugiarnos detrás de barbijos y anteojos para evitar que el virus entrara en nuestros cuerpos.

No se conformó con Oran como en el libro La peste de Albert Camus o en Newark como la novela Némesis de Philip Roth, quiso toda la humanidad para sí, replicándose en nuestras células y estrangulándonos a la manera de un asesino serial, implacable. La sociedad volvió a utilizar medios de control a la mejor manera de Foucault con panópticos que miraban quién, dónde, cuándo, cómo, qué, y por qué estabas ahí en el tiempo y lugar equivocado.

Y empezaron las clasificaciones, los niños, los jóvenes, los adultos, los de la tercera edad, los de riesgo, los de riesgo con patologías preexistentes, los contagiados, los recuperados, los muertos. Todos entramos en algún casillero al mismo tiempo que se iba borrando nuestra subjetividad paulatinamente, con prisa inesperada. Las familias se amontonaron literalmente en las casas y se puede decir que se" atragantaron" con consejos de cómo cocinar, cómo bailar, cómo cantar, cómo hacer gimnasia. Los medios, con el imperativo de "hacer" para no angustiarnos, nos crearon una atmósfera de desmentida social para mantener renegada una percepción traumatizante como era la pandemia del Covid-19.

Estos huracanes de información hacen imposible el demorarse y exigen como una transparencia de información que produce una "infodemia", una especie de intoxicación por exceso de noticias. Como si se tratara de abarcar un supuesto saber del "todo" que debe estar ahí abiertamente para el público, y no deja espacio para la interioridad que permitiría reflexionar sobre un hecho que nos desconcierta y nos deja sin respuestas.

Estas tormentas de información nos convierten en cazadores con un control remoto o con un mouse para apresar en cada clic aquella noticia o consejo que va a realizar nuestra demanda. Destruyendo la necesidad de los espacios de intimidad para procesar un aluvión de contenidos que desbordan nuestra capacidad de pensarlos con lo que se llama "fake news", por ejemplo, o "true news", etc., tan necesario en el medio de la tormenta del virus que nos amenaza con arrasar todo a su paso.

La palabra y la escritura en los medios y las redes sociales tienen hoy una desnudez que llega a la pornografía por el exceso de claridad que prohíbe ese claroscuro que erotiza el decir y el escribir, ya que la palabra tiene un poder erotizante si está revestida figurativamente de cierto misterio que seduce al oyente o telespectador, abre el camino de los sueños y las fantasías.

Donde se impone el "like", o sea el "me gusta" se paraliza la experiencia con los otros, la cual no es posible sin lo que podemos llamar cierto espacio de oscuridad, de incertidumbre, que implica contener miedos, angustias, deseos y proyectos. La disposición a comprender donde la presencia del otro constituye *el pre-texto para una narración* que se desarrollará paulatinamente en el encuentro y todo lo que pueda acontecer entre las dos mentes trabajando. Se va entretejiendo ese telar como una trama que sostiene el proceso y su devenir, para poder sostener y digerir la experiencia emocional y el modo en que el mismo se convierte de verdad en una historia juntos... Y así llegamos a un estado de receptividad hacia el otro, de disponibilidad al encuentro emocional, que lleva implícito el implicarse y tolerar la espera, la incertidumbre, la frustración y la duda como constitutivas de toda experiencia emocional. Y así llegamos a la importancia de considerar que hay un vértice desde el cual es posible considerar *la narración que emerge en ese suceder del intercambio*

-Ustedes se preguntarán...los abuelos y los nietos?

Soy una abuela de 70 años con tres nietos que viven en el exterior desde hace 12 años, así que aprendí mucho de "skype, zoom, whassapp" de voz o escrito, por lo que decidí escribir lo siguiente para el día D, cuando pueda tomar un avión y viajar a visitarlos. Esta es la razón de por qué mi escritura está en tiempo pasado

(Once upon a time), Había una vez.

A fines de 1955 y comienzos de 1956 se desató en el país un importante brote de poliomielitis que afectó a 6500 personas, que llevó a la gente a pintar todo con cal, a usar lavandina y a los niños a llevar colgados una bolsita de alcanfor "como solución".

A Joaquín, Rocío y Sienna

Tenía 6 años

Me senté en la escalera de mi casa que llevaba a un cuarto misterioso que mis padres no dejaban que entrara. Allí en el mismo escalón de mis juegos de hija única, abrí los regalos de Reyes un 6

de enero de 1956. Era una colorida caja de cartón, con una muñeca dentro... La esperada Linda Miranda.

La agarré y me sentí la niña más feliz del mundo. Tenía un vestido con puntillas, un cabello castaño con ondas, unos ojitos que parpadeaban cuando la movía y una misteriosa cuerda que la hacía caminar.

La abracé muy fuerte y me quedé mirándola largo rato. Ya no estaba sola. Busqué alcanfor y se lo colgué del cuello para protegerla de ese bichito tan difícil de pronunciar

La Linda Miranda fue mi compañera de juegos, era mi alumna cuando yo era la maestra, o una clienta cuando jugaba a vender pancitos que no eran más que los botones de mi madre modista envueltos en pedacitos de papel.

No sé dónde estás hoy en algún desván o en una casa de antigüedades, pero aquí escribiendo sobre vos, te recupero y sentada al lado de mi silla me estás acompañando.

Contar cuentos es una forma de cerrar los ojos, como le ocurre a muchos, la palabra cuento, relato o historia despierta, de primera instancia, el recuerdo de un tiempo mítico y dulce, impregnado de olores, y sabores familiares que llevan hacia innumerables noches fantásticas de consumo de libros, de relatos escuchados con devoción en la infancia.

Ante la excesiva aparición de imágenes, hoy en medio de la pandemia no es posible cerrar los ojos. Porque cerrar los ojos y evocar nuestra historia es muy difícil ante tanto desaliento de la sociedad pandémica actual. Las informaciones transmiten una hipervigilancia para que estemos siempre con los ojos abiertos para poder alcanzar esa noticia "true" acerca del covid-19. Pareciera que no hay límites y fronteras, se pierde lo que no es un dato, una información, en una aceleración que aniquila simbólicamente la posibilidad de la fantasía, del relato, de un tiempo para tratar de elaborar.

Al cerrar los ojos veo a los nietos, les relato y creo un escenario posible para soñar y perderse por territorios desconocidos de descubrimientos de lo íntimo, del encuentro con uno y con el otro. Las consonantes y las vocales se levantan de su sueño, y al ser dichas por mí hacen surgir en esa fragilidad infantil la devoción receptiva conque ellos me escuchan. La voz suena desde afuera, desde lo totalmente distinto, a merced del cual queda el pensar y del pensar forma parte el eros en cuanto aspiración a la negatividad de lo diferente, de lo desconocido del otro y de nosotros...

¿Se recorren, pues, cuando se relata un cuento, se recorren con los cuentos tales caminos? ¿Son esos caminos sólo rodeos de ti mismo, o son caminos en los que el lenguaje mudo encuentra su voz hacia otro que escucha?

Todo niño tiene o tuvo abuelos y la abuelidad juega con algunos demonios que necesitamos conjurar, y en esos conjuros les damos derecho de admisión a ciertos recuerdos que están haciendo fila en la puerta de nuestra memoria. Esta abrumadora actualidad que nos acosa con datos estadísticos sobre la pandemia nos detiene pero también nos arrastra hacia un pasado que añoramos pero que jamás volveremos a vivir pero que esta lleno de mensajes, de secretos, de misterios que queremos transmitir.

Así como la Linda Miranda me acompañó en esa epidemia, hoy las voces y caritas de mis nietos me sostienen y me hacen escribir esta corta historia mía para ellos. Quisiera lograr que las letras cautiven las imágenes y puede que no lleguen a decir todo sobre todo, Estas letras que dibujé sobre el papel dan cuenta a través del trazo y el afecto de la existencia de un pasado de la abuela que vuelve en este momento atemporal de la cuarentena. La máscara de los años en los abuelos a veces pretenden ocultar esa infancia, la nuestra y la de los nietos, que como una fuente de experiencias inagotables exaltan la creatividad que hay en todos guardada en el desván de nuestra alma.

Como dice Catz, H. (2019)..."en la **Cábala**, siendo uno de sus significados etimológicos **recibir**, una de las interpretaciones a tomar como más representativa al considerar el Legado, consiste en que lo más importante es crear la necesidad de recibir, encender ese fuego por saber. Generar el deseo de recibir, implica una entrega y una renuncia al mismo tiempo a ser sólo para sí mismo, aceptando ser parte de una cadena. Los hijos huérfanos de la palabra de sus predecesores, sufren un duelo imposible de realizar, donde el legado se erosiona anulando toda la creatividad necesaria para vivir, para luchar para sostener la vida y por lo tanto la apercepción creadora de la vida. Por eso los abuelos no callan, cuentan, transforman en vida la muerte, porque al transmitir, aparece la ilusión de un mañana diferente. de que la vida supere a la muerte, le gane la partida. Es un legado de supervivencia, que los nietos a su vez, trataran de ir apropiándoselo, y transmitiéndolo a su descendencia, donde se reconocen como parte de una cadena desde haber sido originados para a su vez poder originar."

O sea que "... *una transmisión lograda ofrece a quién*

la recibe un espacio de libertad y una base que le permite abandonar el pasado para mejor encontrarlo". Hassoun, J. (1996)

Narrar a nuestros nietos es detenernos, darle a los estados emocionales y afectivos, su lugar de reconocimiento y transformación, el lugar donde se constituyen el cuento y el juego. Detenernos para transmitir nuestro legado, ese espacio de libertad para que lo puedan conocer y transformar, porque acaso ¿no necesitamos detenernos cuando queremos sentir el aroma de una flor?

Bibliografía

Benavides, JE (1998): *Mucho cuento*, Cuadernos del Ateneo, dialnet. uniroja.es

Catz, H. (2019) *"Tatuajes como marcas simbolizantes, la relevancia clínica de los tatuajes para el procesos Psicoanalitico"*, Ricardo Vergara Editorial, Buenos Aires.

Han, Byul Chul (2015) *La salvación de lo bello*, Herder Editorial, S.L., Barcelona, Idem: La agonía del Eros, ídem, 2014

Idem: *La sociedad de la transparencia*, ídem, 2013

Idem: *La sociedad del cansancio*, ídem, 2017

Hassoun, J. (1996) *"Los contrabandistas de la memoria"*, Ediciones de la flor, Kabala

Lic. Marta Alicia Lago

Psicóloga, Psicopedaoga

Postgrado en niños y adolescentes por la Universidad del CAECE

Miembro didacta de la Asociación Psicoanalitica Argentina

Miembro concurrente de la Sociedad Psicoanalitica de Barcelona

Consultora del Departamento de niños y adolescentes

Coordinadora del grupo de investigación acción participación sobre psicoanálisis y educación dependiente del departamento de niños y adolescentes

Docente en el Instituto de Educación Superior Alicia Moreau de Justo

Supervisora de las prácticas profesionalizantes de la Carrera de psicopedagogia en escuelas del GCBA

Ex coordinadora del equipo de Orientación de la Escuela Hogar Ezeiza

Ex directora cultural de la Asociación Brasilera de Psicopedagogía en San Pablo

Escritos sobre educación y psicoanálisis publicados y presentados en Argentina, Brasil, Colombia y Cuba

E-mail: martalago16@gmail.com

Trabajando en cuarentena en tiempos de la Pandemia

Catalina Marta Martino

¡Un fantasma me aterra!

*"La esperanza es el sueño
del hombre despierto".*
Aristóteles

En el marco de la pandemia COVID-19 el SMAPS-Dirección Nacional de Salud Mental y el Ministerio de Salud de la Nación han realizado un plan de acción frente a esta emergencia. En el que presentan recomendaciones sobre la salud mental de niños y adolescentes.

"Ante un evento tan disruptivo socialmente, como la pandemia actual, nuestra Salud Mental se verá afectada de alguna manera. Las respuestas esperables ante la crisis pueden ser el miedo intenso, la ansiedad, angustia, irritabilidad y enojo, como así también el recuerdo de vivencias traumáticas anteriores, la falta de concentración y problemas en el sueño.

Los niños, niñas y adolescentes no están exentos a esta situación y pueden ser vulnerables a sentimientos de ansiedad, estrés y tristeza."

SMAPS considera dentro de los grupos de mayor vulnerabilidad a los niños y adolescentes porque: *"Aún no han construido las defensas suficientes para enfrentar la adversidad y dependen de la ayuda y el apoyo externo que puedan hallar en la situación crítica."*

Incluyen dentro de este grupo de mayor vulnerabilidad a las mujeres porque son ellas las que en las crisis suelen soportar la mayor responsabilidad en el cuidado y el mantenimiento de la estabilidad de la familia.

Durante el período de aislamiento social se reitera la recomendación que niños y adolescentes se mantengan en contacto regular con familiares, amigos y compañeros mediante llamadas telefónicas, video llamadas, redes, etcétera, con el propósito de paliar de algún modo la ausencia de contacto social.

Lo expuesto en forma escueta da cuenta del cuidado y la mirada de los adultos responsables del sistema de salud y de lo que se practica en el día a día.

Acordando con Francesco Tonucci propongo, aunque sea complicado escuchar a los niños y adolescentes. *Hay que cuidar al niño que fuimos y no perder esa mirada.*

Con mirada de niño y viendo con las orejas propongo breves viñetas con adolescentes en este momento de aislamiento social.

A tres semanas del cierre de las escuelas adolescentes expresan que el uso de teléfonos y pantallas son muy útiles y a la vez insuficientes.

Con la implementación del" quédate en casa" los adolescentes se percatan de lo escrito por Quéau: "Gracias a su naturaleza numérica y simbólica, en sentido matemático de la palabra, la imagen de símbolos hace posible todo tipo de mediaciones entre los lenguajes formales y representaciones sensibles. Entre lo inteligible y lo sensible".

Los adolescentes comprenden muy bien lo abstracto, el significado. *Pero lo que los acucia es otra cosa del par inteligible sensible. ¡Lo urgente es lo sensible!*[1]

---

[1]   Quéau, P. Virtudes y vértigos de lo virtual.

Entramos así de pleno dentro del amplio espectro del dualismo ontológico, dejaré el tema para otro momento. Sólo señalaré lo que interesa al tema.

El mundo sensible es el mundo físico, de los objetos físicos. Me detengo aquí porque es el lugar de los adolescentes cuando gritan: *"A la mierda con tanto abrazo virtual!!" Bastaaaaa!!!!! Es infumable. ¡Cuatro mil gifs de abrazos! ¡¡¡Quiero abrazar de verdad a Juan a María a X...!!!*

Así están denunciando el oxímoron de la telepresencia y dan cuenta a la vez de la pulsión que tiene su fuente en el cuerpo.

Cuerpo real, dimensión del desamparo-Hisflosgikeit-Freud, S. Alude a la inmadurez de los humanos y cobra relevancia el otro, semejante, asistente, auxiliador.

Su ausencia es: dolor, trauma, caída...

Viñeta
¡¡¡Necesito un abrazo real!!!

> *"El abrazo debería*
> *ser recetado por los médicos*
> *hay un poder curativo*
> *en él que aún desconocemos*

Florencia tiene 16 años y cursa cuarto año. Se define como amiguera y divertida.

Flor: Al principio todo bien... Joda total. Sin horarios.

Hiper conectada. Con onda... Todo cool.

Ahora no banco nada. Mala onda. Seca.

Siento que me estoy hundiendo tengo que salir. ¡Lo necesito! ¡Cuánto tiempo más!

Mis padres, todo bien. Se preocupan porque estoy bajón. Hasta mi hermano me trajo un chocolate que me gusta y le dije que se lo metiera en el culo. ¡Pobre!

Te lo digo de onda, no me voy a quedar todo el tiempo encerrada. Necesito compartir con mi grupo, estar como antes del Virus... la juntada...los abrazos... no es por sexo, es abrazo ¿Se entiende?

Sé que estuvo mal que me fuera, así de una. Me cuidé, estoy informada. Llevé guantes, alcohol en gel y un piloto para dejarlo afuera. No quiero poner a nadie en peligro.

Cuando volví me sentía mejor. Tenía el abrazo...me parece, ahora, que pensé que nunca más podríamos abrazarnos.

Me estaba volviendo loca. Tenía que hacerlo. No me iba a contagiar.

No quiero contagiar a nadie. Me muero primero.

Yo necesitaba sentir ese abrazo fuerte, apretado no el virtual.

Viñeta 2
El tiempo-Cambio de paradigma.

> ¨Confía en el tiempo, suele dar dulces
> salidas a amargas circunstancias. ¨
> Miguel de Cervantes Saavedra.

Guillermo: 20 años. Estudiante universitario. Desde la cuarentena vive con su pareja

Guillermo: La venía remando bien. Armamos una rutina, la cumplíamos. Todo Ok. Pero en esta semana empezamos haciendo la plancha... 10 de la mañana en la cama en calzones y se te hacen las 12 y seguís ahí... me levanto hago algo.

Hay que entrenar, fiaca, no sale de una. Lo bueno es que nos alentamos y lo hacemos. Medio por cumplir, hicimos cualquiera. Unos minutos.

También me puse a pensar qué esto en algún momento va a pasar y nos va a costar mucho enganchar el ritmo. Me sorprendí pensándolo. Me lo dijeron los músculos primero. Noté la falta de entrenamiento.

Ahora estoy cayendo, me desaparecieron los ordenadores de mi agenda diaria.

El laburo, la facu, el gimnasio. A ella le pasa lo mismo que a mí.

El tiempo se volvió gomoso, sin forma, no sé bien como decirlo, me vino una imagen me parece más como los relojes de Dalí.

Ayer tenía ganas de caminar un poco más y con la excusa de pasear al perro me dije, con esto zafo además a él le encanta que lo suelte en la plaza.

Qué bronca me dio ver que estaba cerrada. ¡Una barrera más! ¡Qué bronca! Antes podía ir todos los días. Ahora lo veo hermoso pero todo vallado. La iluminación hermosa, pero no podés pasar.

Ahora lo veo con un plus. Ahí lo valoré.

También me di cuenta que nunca se me había ocurrido pensar en qué feliz era cuando podíamos pasear libremente en la plaza. Es increíble la cantidad de boludeces que a uno lo hacen feliz sin darse cuenta. Ahora que la plaza está cerrada me doy cuenta de lo que jamás se me hubiera ocurrido pensar. Está bueno valorar esos momentos.

Y si también me acordé de mi viejo.

Viñeta 3
Quiero ser grande antes de morir.

> *"Soneto matinal a una colegiala ingrávida.*
> *Si se viste de azul y va a la escuela*
> *no se distingue si camina o vuela*
> *porque es como la brisa, tan liviana*
> *que en la mañana azul no se precisa*
> *cuál de las tres que pasa es la brisa,*
> *cuál es la niña y cuál es la mañana".*
> Gabriel García Márquez.

Lola: 14 años. Cursa segundo año. Se autodefine como militante feminista. Colectivo Ni una Menos.

Lola: Al principio todo bien. Nosotres somos de estar re conectades siempre.

Toco la guitarra, pinto.

Ya no me pinta nada.

La semana pasada me empezó el bajón.

No estar con Mati en su cumple. Yo quería estar, pero éste puto fantasma del coronavirus viene y te priva de todo.

Sé que yo estoy mejor que muchos. ¡Lo mío privilegio total! ¡Tengo casa, comida, redes...pero esto me mata!

Soy de decir mucho: me mato, me muero...todes decimos así por cualquiera.

¡¡¡Sabes que no me quiero morir así, por este virus fantasma!!! ¡¡No se ve y está ahí y mata y mata!!

Llora.

Duermo mucho pero mal. Ando zombi.

Duermo de día. Nos enganchamos a la noche hasta las 4, 5. Somos así.

Sólo los días que tenes que cosas del cole. Es un rato. ¡Mierda total! ¡Bajón!

Tengo muchos sueños, como repetidos, ¡no me acuerdo bien de ninguno!

Lo más que me acuerdo es que estoy en mi casa, pero no es mi casa, todo en ruinas. Horrible, como que me robaron cosas y no sé qué… mi mamá me dijo que son pesadillas, que te contara.

No tengo ganas de nada. Todo goma.

Sin fuerzas. Salgo de la cama y me tiro en el sofá. ¡Es absurdo, re loco!

Caigo en que digo me mato, me quiero morir. ¡Yo no me quiero morir!

¡Yo quiero vivir! Vivir hasta que sea grande como mi abu.

Ella se murió a los 94 años. Vivió de todo, las ocupaciones, las guerras. Viajó por muchos países, conoció a sus nietos y bisnietos.

La intención de presentar las viñetas es oír a los adolescentes. Cada uno de ellos nos muestra cómo afrontan esta cuarentena que los aísla de su cotidianidad.

Los estudios realizados en otras situaciones de crisis evidenciaron que los niños y adolescentes más resilientes fueron aquellos que tenían más habilidad para pedir ayuda.

Usaron esa capacidad para afrontar la adversidad con subidas y bajadas, pero sin derrumbarse y en el mejor de los casos salir fortalecidos de la difícil situación habiendo aprendido de la experiencia.

Si los adolescentes se sienten reconocidos, amados, aceptados tal y cómo son fortalecen la confianza en sí mismos, la responsabilidad y transitaran de mejor modo el camino a la exógamia.

Bibliografía

Bion, W. *Aprendiendo de la experiencia*. 1991. Ed Paidós. Buenos Aires, Argentina.

Freud, S. Obras completas. 1975. Amorrortu Ed.

Quéau, P. *Virtudes y vértigos de lo virtual*. 1995. Ed Paidós. Barcelona–España.

Lic. Catalina Marta Martino

Lic. en Psicología

Miembro en función didáctica de la Asociación Psicoanalítica Argentina (1998)

Especialista en Niños y Adolescentes (2002)

Miembro del Departamento de Niños y Adolescentes de APA

Docente del Instituto de Psicoanálisis Ángel Garma

Docente del Centro de Investigación y Orientación E. Racker

Docente de la Comisión de Interior del País

Autora y coautora de trabajos presentados en Congresos y Symposium Nacionales e Internacionales APA, FEPAL, IPA y de Psiquiatría

Docente de la Carrera de Especialista en Psiquiatría UBA

Miembro UNICEF OEA

Consultora de diversas Universidades europeas

E-mail: martinocatalina@gmail.com / martinocatalina@hotmail.com

Capítulo 8
Explorando nuevas formas de trabajo

Beatriz I. Mónaco

*"Mantente en el Uno y deja
que las cosas tomen su curso natural"*
Chuang Tzu

La realidad actual, atravesada por un acontecimiento mundial como lo es la pandemia del COVID-19, nos lleva irremediablemente a un permanente contacto con lo traumático. Inmersos en acontecimientos, que se suceden unos a otros y a gran velocidad, nos conducen a poner nuestro foco de atención en cada uno de ellos, sin que medie entre cada evento, un benévolo y calmante espacio de silencio en nuestras mentes.

Dichos acontecimientos nos invitan a una casi permanente elaboración de duelos, cobrando nuestras vidas un grado de intensidad, que se hace necesario regular. Junto con un cambio que parece imponerse desde afuera, se hace evidente, a su vez, la necesidad de un cambio interno. Ello implica el atravesamiento de cesuras, donde lo nuevo se impone y donde pareciera no haber marcha atrás.

Considero que, en la medida que podamos aceptar dichos cambios, como impuestos desde afuera, se abre la posibilidad de trabajar con nuestros pacientes, de una manera diferente. Me pregunto, si en medio de esta crisis es posible seguir sosteniendo nuestra habitual forma de trabajo en la clínica o se hace necesario una nueva forma que deje atrás viejas estructuras e incluso creencias en lo que hace al mejor funcionamiento del trabajo y del vínculo analítico.

Las mentes no permanecen estáticas, se modifican, se amplían y ello nos conduce a un nuevo tipo de vínculo que se impone en el trabajo analítico. En estos tiempos de pandemia y de aislamiento social, algunos dispositivos que nos provee internet, se constituyen en las herramientas más importantes a nuestro alcance, facilitando el contacto y la comunicación con nuestros pacientes.

Trabajando en el momento presente

Junto con un presente que se impone, por la misma intensidad de los acontecimientos, se hace necesario la ampliación de un continente que de espacio a sus contenidos, sin que por ello el aparato para pensar se vea alterado. Así, una mayor ampliación de dichos espacios, dará lugar a que lo nuevo pueda ser albergado.

Así, considero que se hace necesario para nuestro trabajo como analistas, que ese presente pueda ser penetrado, sin que la fuerza de los acontecimientos altere nuestra capacidad para pensar. Una mente ampliada, dejará entrar, no sólo los eventos del mundo exterior con los filtros anti-estímulos necesarios y los recursos que aquel ofrece, sino que además habrá en ella, espacio suficiente para desarrollar el caudal creativo para el desarrollo de nuestro trabajo.

Trabajar sin memoria, sin deseo y sin comprensión fue propuesto por Bion como una herramienta puesta a nuestra disposición, que nos ayuda a dicha penetración del presente. Podríamos pensar esta forma de trabajo, como un juego creativo, donde en cada sesión se configura un nuevo campo analítico. Olvidando por unos instantes la historia del paciente, nuestros propios deseos, así como también, una comprensión de lo que está sucediendo, es para el autor, como recibir un nuevo paciente en cada sesión. Esto se ve reflejado en sus palabras, cuando en *La tabla y la Cesura* dice, *"...cada psicoanalista debe de tener la temeridad y la concomitante fortaleza de insistir en el derecho de ser el mismo y tener su propia opinión acerca de esa extraña experiencia que tiene cuando toma conciencia de que hay otra persona en la habitación"* *"...eliminemos nuestra memoria, eliminemos nuestro deseo con su connotación de futuro; olvidemos ambas cosas, tanto lo que sabemos, como lo que deseamos, para dejar lugar a una idea nueva"*, Llevado este escenario a la actualidad, esa extraña experiencia de la que habla Bion, puede ser trasladada a la vivencia de encontrar alguien nuevo frente a la pantalla y con quien entramos en conexión.

Otra vertiente a tener en cuenta, en esta forma de trabajo, es la capacidad negativa, capacidad de la mente, para crear un espacio que permite transitar por la ignorancia. En palabras del poeta John Keats, es *"la capacidad de un hombre para estar en medio de la incertidumbre, el misterio, la duda, sin un ansia exacerbada de llegar hasta el hecho y la razón"*

Siguiendo en esta línea de trabajo, *Bion en Cogitaciones* dice, *"la incapacidad de la mente para tolerar espacios vacíos, limita la cantidad de espacio disponible"*. En este sentido, el trabajo en el momento presente, no sólo aporta la claridad de estar enfocado en un lugar sin la saturación del conocimiento previo y las interferencias de los deseos, sino que además amplía el continente mental, para dar lugar a lo nuevo.

En Atención e interpretación, Bion dice, que la suspensión de la memoria y el deseo, promueve aspectos de la psiquis, que se encuentran alejados de la experiencia sensorial, incluso, agrega que el ver y el oír en determinado momento, podrían carecer de importancia, ya que dificultaría que el poder intuitivo haga su parte.

Asimismo, es importante destacar lo engañoso de la memoria, ya que ella se ve distorsionada por fuerzas inconscientes. De la misma manera, el deseo es un obstáculo que interfiere en los juicios, produciendo distracción, cuando lo esencial para el trabajo analítico, es la observación de lo que ocurre en el momento presente, y es lo que abre paso a lo desconocido.

En otro lugar,[1] en relación al momento presente, expresé la siguiente idea. *"Marcada por la cronología del tiempo, cada situación atraviesa por distintos momentos, sucediéndose los eventos unos a otros, en un lineamiento secuencial. Ahora bien, pienso que en el trabajo centrado en dicho momento, la realidad se amplía al poder ser observada en una escala mayor. Ello permite integrar parte del futuro, a la vez que trae una comprensión mayor del pasado, abriendo paso a las re-significaciones del mismo. Podríamos decir que junto con ello, una sensación de armonía tiene lugar, al poder percibir todo integrado. "De esta manera, ya no es necesaria la espera, ni tampoco recurrir a experiencias pasadas, ya que dicha integración tiene un conocimiento vivencial y emocional de totalidad."*

Revisando la clínica

Isabella, una joven adolescente de 21 años, llega a consulta a través de su madre, quien me conecta de una manera muy cálida y gentil, escribiéndome a través del chat.

Si bien no conozco su voz y mucho menos su presencia física, unas amables y breves palabras, sirvieron para conectar con ella, y facilitar el encuentro con mi nueva paciente.

Así, Isabela llega a análisis en plena cuarentena, una situación donde no es posible el trabajo presencial con pacientes. Si bien el distanciamiento social obligatorio ya había sido decretado en Argentina, ello no impidió que nuestro encuentro tuviera lugar y que el trabajo analítico se estableciera a través de las redes. Con una muy buena disposición y una imagen amable y sonriente, tal vez siguiendo el estilo y la actitud de su madre, se inauguraría nuestro primer encuentro analítico. Así se expresa diciendo, *"Qué bueno que nos encontremos así! Te veo con mucha claridad"*.

Pienso que la conexión con el momento presente, nos llevó a ambas, a vivenciar esa "extraña sensación" de tener a alguien frente a nosotros y poder trabajar creativamente con lo nuevo.

Más allá de la alegría de un shock positivo de este primer encuentro, la paciente, estaba angustiada y con mucha necesidad de ser escuchada. Se encontraba atravesando una dolorosa situación familiar. Acababa de fallecer el marido de su mamá, por quien se sentía profundamente unida y a quien parecía querer como a un padre. Actualmente, vive con su propio padre, y una hermana menor. Sostiene con él una relación conflictiva y también con su hermana mayor, del primer matrimonio de aquel, por quien se siente controlada y descalificada. Dicha hermana vive en Europa, no obstante, sostiene un vínculo muy estrecho a través de las redes. Una fuerte desilusión a sus quince años, se hace presente con una fuerte carga emocional. Ella y sus padres, compartirían juntos un viaje, con motivo de su cumpleaños. Su padre se baja de este viaje buscando un justificativo, para no hacerlo con ellas y sí lo hizo con otra mujer. Isabella no puede procesar esta situación, la que aún le resulta dolorosa.

Muy ligada a su madre, pareciera que tomara para sí, un espacio emocional de aquella y de su entorno, colmado de sufrimientos y de pérdidas. Entre estas últimas, se encuentra el divorcio de sus padres, y meses atrás, la agonía y muerte de su padrastro. Isabella gentilmente, le sede su cuarto, el que se convierte para ella, en una suerte de hospital, en el cual, aquel recibió atención permanente, hasta sus últimos momentos de vida. La paciente, estudia medicina y en alguna medida, se sentía más comprometida que el resto de la familia, en seguir el proceso de la enfermedad de su padrastro y de brindarle su ayuda.

Recientemente, la paciente sufrió un episodio de ansiedad al viajar en avión. Ella hace referencia a un sentimiento de que algo queda fuera de control, al sentir que se pone en manos de las pocas personas que conforman la tripulación. "*Son sólo dos o tres personas*" dice. Había visitado a Juan, un amigo con quien comenzaba una relación y al volver a su casa, evitó el vuelo de regreso y toma la decisión de viajar por tierra.

La paciente parece encontrarse mejor en su propia casa, situación que llevaría a facilitar nuestro trabajo a través de la red. Como ocurre con muchos pacientes que padecen fobias, la situación de pandemia no los afecta demasiado, sino que por el contrario, se sienten a salvo, en su propia casa. De la misma manera, Isabella, bajo esta misma situación, disfruta de tener un mayor control sobre los eventos, sorteando así, sus miedos. He podido observar en estos breves encuentros, ciertos niveles de omnipotencia que le han llevado a pensar que a través de sus acciones, podría tener control sobre los hechos. Sus vínculos afectivos familiares se encuentran impregnados de una fantasía, donde ella cuida de ellos y los salva de que algo les pueda pasar.

En lo que hace al tratamiento que hemos iniciado, su neurosis pareciera facilitar el encuentro y conexión con sus conflictos, a la vez que su encierro con características endogámicas pareciera quedar atrás, ubicando en un primer plano, aquel que surge de la cuarentena misma.

Algo que he podido observar, es que en medio del confinamiento y de la retracción del mundo exterior, viejas relaciones y afectos se hacen presente, invadiendo el momento actual, incluso, algunas veces, produciendo desbordes. Tal vez, el sentimiento de vulnerabilidad que reactualiza vivencias primarias, quedan enlazadas con el sentimiento de finitud de la vida, que en muchos casos aparece de manera prematura, bajo la situación actual.

En Isabella, el miedo a la muerte aparece desplazado a sus padres, poniendo de relieve viejas situaciones edípicas, las que se ven reactualizadas en este momento.

Considerando las emociones profundas que se ponen de relieve en tiempos de emergencia y de pandemia, es cuando el trabajo del analista cobra cierta particularidad, que va más allá de la forma que adopte en cuanto al encuadre o a los recursos para la comunicación.

Pienso, que la interpretación cumple una función organizadora muy importante, cuando transforma dicha vivencia emocional en conocimiento. El analista le pondrá palabras a esa vivencia que es captada y que traspasa las pantallas. Encuentra un hecho seleccionado que une aquello que se encuentra disperso, formando parte de un aparente caos.

Otro punto a tener en cuenta, es que esta situación de

cuarentena, lleva a un análisis que pareciera acelerarse, en la medida que todo parece detenerse y concentrarse en un presente continuo. A mi manera de ver, creo que tal detención no sucede. Pienso que el tiempo cronológico, el que marca y delimita nuestra cotidianeidad y nuestros proyectos, ahora pareciera estar ausente, para movernos en un tiempo circular, de eternidad, lugar donde nuestro mundo emocional brota con mucha fuerza.

La ausencia de los cuerpos

Podríamos preguntarnos si la ausencia de los cuerpos en el espacio físico del consultorio, es un impedimento para el trabajo analítico, ya que su presencia aporta y facilita la captación de elementos, que aparecen de manera directa, como lo son los afectos primitivos y que impactan desde lo sensorial, en el cuerpo del analista.

La ausencia de los cuerpos, nos lleva a trascender esta realidad, apelando a conectar con una profunda emocionalidad, sobre la cual los analistas ponemos nuestro foco de atención. Buscamos poner palabras a dicha experiencia emocional. Nuevas formas para el trabajo y un nuevo tipo de vínculo aparece y que serán decodificados, junto con una actitud creativa del analista. Sumergidos en el momento presente, olvidaremos teorías, encuadres utilizados hasta el momento y entraremos en la brecha que da acceso a lo nuevo.

Considero que la no presencia de los cuerpos, nos lleva a utilizar otros recursos, que van de la mano con esta era digital. El trabajo realizado a distancia, no es algo que comienza ahora con la pandemia y sus consecuencias, sino que ello es parte de un proceso transformacional que implica la ampliación de nuevos continentes.

Vengo trabajando desde hace años con pacientes que

viven en el exterior, y donde he podido observar que el análisis bajo esta forma, cobra una dimensión diferente en cuanto al vínculo analítico, algo que se puede apreciar mucho más con aquellos pacientes que no he conocido previamente de manera presencial. Con ellos, pueden establecerse lazos más intensos que tienden a acortar las distancias. En este sentido, puedo decir que la falta de presencia física no ha sido un impedimento para trabajar en transferencia y en la consolidación de dicho vínculo.

Pienso que la ausencia de los cuerpos, es una realidad que puede ser trascendida. En lugar de cuerpos que pueden ser captados de manera directa por los sentidos, nos encontramos con una pantalla que reproduce una imagen que nos permite ver y un sonido que nos permite oir y escuchar a quien se encuentra del otro lado y en las mismas condiciones. Todo esto, suena muy tecnológico, incluso se pensó tal vez, de manera defensiva, que un análisis bajo esta forma, no era análisis. Hoy, con el aislamiento en nuestras casas, ya que un hecho de la realidad así lo impone, nos lleva a atravesar un cambio, que pasa a ser contenido por el Establishment. Podríamos pensar que, tal vez, en un futuro no muy lejano, las instituciones psicoanalíticas mismas serán, las que se encarguen de transmitir la importancia de esta nueva experiencia, ayudando a limitar lo disruptivo del cambio.

Cambio Catastrófico

Siguiendo a Bion, llamamos a estos hechos, *"Cambio Catastrófico"*. Dicho cambio, se presenta de manera violenta y disruptiva, instalando un nuevo sistema de funcionamiento. Ello implica el atravesamiento de cesuras, llevándonos hacia otro tipo de lógicas. Lo que funcionó hasta hace poco tiempo, ya no puede ser contenido por las estructuras que lo sostuvieron, para ser abandonadas y pasar a formar parte del pasado.

De todas maneras, en el atravesamiento de una cesura, algo permanece estable, Bion, utiliza el término *"invariancia"* para decir que en un proceso de transformación algo no varía, permanece estable otorgando la necesaria continuidad que lleva a la evolución. Dicho cambio, afecta un amplio campo de acción, como lo es la mente, los grupos, la sociedad y aquellos que nos llevan a modificar la forma de la sesión psicoanalítica y sus intervenciones. Lo nuevo se impone con fuerza disruptiva, alterando y modificando nuestro campo de trabajo.

Para concluir, diremos que el cambio descripto, lejos de tratarse de una catástrofe, implica el atravesamiento de una cesura. Si bien, dicho cambio puede vivirse como algo similar al desvalimiento de las experiencias primarias, como lo expresan Grimberg, L,, D Sor y Bianchedi, E, *"conducen a un desarrollo radical en la evolución de una estructura"*. Como bien ellos lo expresan, no se trata de un desastre, sino del punto de partida de una evolución.

Aquello que parecía perfilarse para un futuro, ahora se impone como realidad, poniendo nuestras mentes a trabajar a gran velocidad y a adoptar formas, acordes al momento en que vivimos y en pos de evoluciones futuras.

Referencias bibliográficas

Bion,W.(1994) *Cogitaciones*, Editorial Promolibro
Catastrofic change(1992) en *Atención e interpretación Capitulo
12*. Londres Karnaks Books
(2001)*Transformaciones*. Editorial Promolibro Valencia
(1997)*La tabla y la cesura* Gedisa Editorial
(2009) *Aprendiendo de la experiencia*, Paidós
Freud, S., (1917) *Duelo y Melancolía*. Amorrortu Editores
(1920) *Más allá del Principio de placer*. Amorrortu Editores
(1926) Inhibición Síntoma y Angustia. Amorrortu Editores
Grimberg, L., Sor, D., Tabak de Bianchedi , E.,(1991) *Nueva introducción a las ideas de Bion* Tecnipublicaciones, S.A.
Keats, J (1958) *Lettters of Johon Keats*, Hyder Edward Rollins.(Ed)
Cambridge, Harvard University Press
Sor, D,(1968) *Cambio Catastrófico - Psicoanálisis del darse cuenta*.
Ediciones Kargieman 1988
(1) Libro en preparación aún no publicado. Capítulo, Cesura y víncu-
lo analítico, APA Editorial.

Lic. Beatriz I. Mónaco

Lic. Psicología de la UBA. Psicoanalista
Miembro adherente de la APA (Asociación Psicoanalítica Argentina).
Autora del libro, *El fenómeno de excitación corporal, Metapsicología
psicosomática*, de Editorial Lugar (2001).
Colaboradora en seminario de formación, APA,
Participación en el Departamento de Psicosomática de la APA.
Forma parte del grupo latinoamericano "Actualidad Bioniana", confor-
mado por colegas latinoamericanos de la IPA (Asociación Psicoanalíti-
ca Internacional)
Integra el grupo *Algunos desarrollos epistemológicos del pensamien-
to de W. Bion (A.P.A.)*
Ex docente de la carrera de especialización en Psicoanálisis
Ex miembro integrante del plantel de supervisores en psicoanálisis de
APBA.
E-mail: licbeamonaco@hotmail.com

Relatos de experiencias clínicas en la pandemia durante la cuarentena

Susana Rasinsky

> *"El hombre no tiene un
> cuerpo distinto de su alma,
> pues lo que llamamos cuerpo
> es un trozo del alma percibido".*
> William Blake

Voy a presentar mi experiencia trabajando en cuarentena con consultas caracterizadas por la urgencia donde pude constatar la importancia del trabajo del psicoanalista en tiempos de pandemia como la que estamos atravesando.

En la cuarentena el aislamiento provoca diferentes reacciones y conmueve los cimientos mismos de los vínculos que pueden llegar en los casos de patologías graves a pasajes al acto, brotes, incrementar los femicidios y diferentes exacerbamientos de cuadros psicopatológicos que llegan a desbordarse por la falta de contención que de algún modo proporcionan las rutinas habituales.

Ya se trate de pacientes como primer llamado de auxilio psicológico y también de los pacientes que se encuentran en tratamiento asisto a una serie de manifestaciones que me llevaron a querer transmitirlas, aunque de una manera muy resumida, en este trabajo pero que considero que son vivencias que tienen la fuerza de lo espontaneo y que demandan de nuestra creatividad y plasticidad psíquica.

Por supuesto que se presta a seguir pensando y desarrollando cada uno de los casos presentados, pero en este estado de acontecimientos considere relevante presentar una serie de viñetas a la manera de una especie de paneo dentro de un entorno muy convulsionado que es el que compartimos junto a nuestros pacientes y consultantes.

Pacientes como primer llamado de auxilio psicológico y pacientes de tratamiento.

• Mónica, 24 años, expresa:

- "Yo estaba yendo a terapia en otra ciudad acompañada por mi madre hasta que por la cuarentena me quedé en San Juan, tomaba medicación porque tengo trastornos de personalidad".

Y agrega:

- Lamentablemente no puedo viajar, no tengo medicación, ya no sé qué hacer".

• Cristina, 36 años, 2 hijos, separada, y en la cuarentena relata que regresó su exmarido y dice:

- "Estoy asustada por que tengo miedo de una descompensación psíquica, que ya la tuve antes de separarme. No quiero que él esté acá pero me dan lástima mis hijos, tengo 2 varones chiquitos".

• Sandra, 58 años, profesional de un hospital, sola, aislada porque alguno de sus compañeros están infectados. Y dice:

- "El hospital es mi familia. Pronto me iba a jubilar, no los puedo acompañar, estoy mal, estoy muy deprimida".

• Mariel, 43 años, paciente en terapia, al no tener intimidad en la casa suspendió transitoriamente las sesiones. Expresa:

- "Me encuentro bastante bien para todo lo que pasa. Tu trabajo ha logrado algo de equilibrio en mi salud mental, cuidate mucho y seguimos en contacto. Gracias por quedarte cerca".

• Zulema, 40 años, paciente en tratamiento. No aceptó la sesión online.

• "Susana ¿Cómo estás? El lunes cobro ¿querés que te adelante algunas de las sesiones de los meses siguientes? Avisame, besos".

• Facundo, 32 años, paciente en tratamiento. "Papá no va a trabajar y se quedó acá, en casa. No vamos a tener privacidad. Va a ser toda una experiencia. Voy a escribir".

• Dario, 5 años, paciente en tratamiento. La madre falleció cuando él nació, en ese momento, el padre no pudo vincularse con él. Queda a cargo de los tíos. El padre comienza a restablecer la relación con su pequeño hijo mediante el trabajo terapéutico familiar. No obstante frente a situaciones de desmentida y no registro reiterado del padre, Darío somatiza con descargas motrices descontroladas y vómitos. En la cuarentena se queda con los tíos y a veces no quiere tener las sesiones porque se encuentra contenido afectivamente con los mismos. Esto último es muy importante respetarlo por el estado de miedo subyacente y desprotección reinante tanto en su mundo interno como en el entorno circundante.

• Matías, 10 años. La madre podría considerarse como con una patología de lo que suele llamarse fronteriza, el padre ausente de la vida de su hijo desde que el mismo era muy pequeño, los abuelos maternos se hacen cargo de él y del hermanito menor, ambos muy desprotegidos por las figuras parentales.

Las situaciones de violencia son tan extremas que hacen necesaria la intervención de la Justicia en reiteradas ocasiones. Durante la cuarentena, al no ver a la madre, Matías muestra estar más aliviado. No obstante la madre lo amenaza por teléfono diciéndole que se lo va a llevar con ella y Matías manifiesta su angustia con trastornos respiratorios y de sueño.

• Yana, 9 años. Paciente en tratamiento, padres separados, vive con la mamá. Durante la cuarentena el padre se la lleva 10 días a vivir con él y al regresar, la niña manifiesta problemas gástricos y dolor de pecho, expresando a través del cuerpo su angustia para la que todavía no tiene palabras.

En los diferentes casos la escucha analítica ayuda al otro a sentirse registrado, contenido y posibilita desarrollar un espacio de transición que posibilite reconocer la angustia, ponerle palabras, transformar esos estados de terror no nominados en sentimientos que puedan ser compartidos. En este contexto de la pandemia debemos abordar los conflictos con los recursos de la realidad material y psíquica del paciente y elaborar un diseño singular para cada sujeto.

Pichón Rivière ponía el énfasis en que la salud representa movilidad y plasticidad en tanto que la enfermedad implica repetición y estereotipia en la expresión fenoménica. La clínica en esta pandemia implica un trabajo psíquico diferente por momentos extenuante por lo inesperado, lo imprevisible y el horizonte de incertidumbre que nos invade pero que nos compele a hacer lo posible desde lo que nos abruma como imposible como dice Catz, H. en el capítulo 1 de este libro.

Experiencia clínica en la pandemia

Caso Federico

Es un llamado de urgencia en esta cuarentena por la imposibilidad de comer de un niño de 6 años.

El 31/03/2020 llama Pedro por su hijo Federico de 6 años, manifestándose muy angustiado y preocupado. Dice:

P: - hace 12 días que no quiere comer sólidos. Tiene miedo a tragar. Lo llevamos al médico y este dijo que no era orgánico, que tome líquidos para no deshidratarse.

T.-¿Hubo algún problema o pasó algo?

P.- Nos separamos con la madre hace un mes. Ella se quería separar. Federico me extraña mucho, como vivimos a una cuadra lo veo, viene a casa. Hubo discusiones delante de los chicos. Además, hace pocos días festejamos el cumpleaños de su hermanita, del cual parce estar un poco celoso.

T.- Es muy reciente la separación de ustedes y el festejo del cumpleaños de la hermanita.   Son situaciones que lo angustian y que tal vez influyan para que no pueda tragar.   Considero que este conflicto le provoca angustia y temor y lo manifiesta a través del cuerpo de esa manera, mostrando que no puede ni ingerir ni digerir todo lo que le sucede.

T-   ¿Podrías   intentar   que   coma   con   vos?
P.- Si, si, el viene a mi casa. Lo voy a hacer. ¿puede llamarla la mamá?

T.- Si, si quiere, y Federico también.

El padre de Federico llama nuevamente para avisarme que su ex esposa me va a llamar.

Pasan unas horas y al no recibir la llamada le informo esto al padre. Éste me comenta que su ex esposa habló con otra psicóloga. Me vuelve a agradecer mi atención y preocupación.

Lucas, al otro día llama y pregunta si puedo ver a su hijo por video y hablar con él. Le digo que sí, que preparen un lugar y que este presente para ayudarlo en lo que necesite en lo que hace al sostén tecnológico del encuentro.

T.- Hola Federico ¿Cómo estás?

F.- Mal. Tengo miedo de tragar los fideos -me muestra la sopa que estaba comiendo y solo había tomado el líquido- yo quiero que mi mamá le pida perdón a mi papá por lo que le dijo.

T.- Papá y mamá discutieron. A vos no te gusta y te duele, te enoja y tal vez no comés para que ellos estén juntos y se ocupen de vos y de esa forma no discutan.

Voy a tratar de que los problemas de mamá y papá los puedan hablar entre ellos y conmigo porque enfermándote vos no lo podés arreglar. Federico asiente con la cabeza y puedo deducir como una expresión más aliviada en su rostro.

T.- ¿querés dibujar?

Federico hace un nene y luego quiere seguir haciendo más dibujos.

T.- que papi le saque una foto a tus dibujos, así los tengo.

F.- Si (se muestra contento y quedamos que cuando quiera me puede llamar).

Mientras hablábamos con Federico se acerca a la cámara alguien, que saluda.

Es la abuela paterna, luego aparece la madre (con una actitud más rígida) que también saluda.

Hago una intervención para los padres como le había prometido a la nena.

T.- Sería más adecuado que los problemas de Uds. los resuelvan entre Uds. y no en presencia de los chicos, para que Federico no se ponga mal, no se enferme.

Federico se queda aparentemente más tranquilo. El padre me agradece.

A los pocos días llamo y el padre me dice que ya come, que ya no tiene miedo aparentemente de tragar. "Ayer comió fideos y pollo, nos dijo que ya no tiene miedo a tragar y pudo ir de cuerpo, cosa que también le daba miedo por el tema de tener que hacer fuerza".

Federico en esta situación de dolor y de angustia, no puede ligar las cargas a la representación y somatiza lo que le sucede a través de no poder comer.

André Green (2005), dice: hay algunos sujetos marcados por importantes traumatismos infantiles cuyas vivas huellas ni siquiera pueden ser enfocadas por el análisis de la transferencia. Subraya que el más mínimo intento de este orden provoca en el paciente afectos dolorosos, que muestran la sensibilidad siempre exquisita de las zonas traumatizadas de la psique, y al mismo tiempo no hay que desconocer el valor de protección de las defensas que cierran el acceso a ese santuario inabordable. (pág. 213)

El no comer sólidos estimo que representaba la angustia de tragar el enojo, la bronca, el dolor que le provocó el maltrato y la violencia implícita en las peleas de los padres y la posibilidad de perder a su padre acrecentando el estado de desamparo tanto de su mundo interno como del mundo externo.

Marucco (1998), en su libro *"Cura Analítica y Transferencia"*, cita a Laplache y Pontalis y nos dice que: *"el estado de desamparo inherente a dependencia total del pequeño ser con respecto a su madre implica, de hecho, la omnipotencia de esta e influye en forma decisiva en la estructuración del psiquismo, destinado, por lo tanto, a constituirse enteramente en la relación con otro"*. Para este autor la relación con otro sería una relación con el deseo del otro, vehiculizado por un mecanismo de identificación primaria, estructurante de un yo escindido. (pág. 40),

Desde esta perspectiva pude observar que la negativa a alimentarse de Federico evidenciaba una función defensiva intentando evitar una destrucción psíquica que la amenazaba por el entorno hostil y podría decirse ajeno a sus temores y angustias donde se hallaba y que por condición de niño no tenía palabras para expresar su dolor.

Cuando nos vimos por video-cámara con Federico considero que fue importante mi mirada sostenida, el lenguaje verbal y gestual y mi presencia que abrió a la posibilidad de que pudiera expresarse con la palabra y luego con los dibujos que comenzó a hacer espontáneamente y con mucho entusiasmo porque yo los viera .

Desde este punto de vista quiero destacar la relevancia que tiene nuestra actitud como terapeutas, la posibilidad de establecer continentes para albergar y transformar el malestar, lo que Bion denominaba "terror sin nombre" en una experiencia emocional que le permita el aprendizaje de la experiencia. Así como el sujeto percibió el desamparo y se traumatiza, percibir al terapeuta como otro que puede ayudarlo a integrar sus partes escindidas, le permitirá comenzar a ligar lo que denominamos las cargas libres, para acceder a una representación. Federico pudo empezar a comer y de esa forma no tener más miedo a tragar, lo que podría considerarse como imposible de digerir, siendo que necesitaba de la ayuda terapéutica para lograrlo, intervención que abarco a toda la familia y que signifíco una manera diferente y compartida de acompañarlo en su dolor enmudecido.

Como dice Paul-Laurent Assoun (2008) *la transferencia es en primer lugar del orden del movimiento porque la transferencia viene a significar la irrupción de un real inédito en el seno de una relación. Es una experiencia que se produce de una manera sorprendente e inesperada.* (págs. 9-12)

Esto nos lleva a pensar que en esta época actual, haciendo terapia on-line puede no obstante haber transferencia aunque se establece de diversas formas por lo que tenemos que considerar que se habilita así la posibilidad de curación. Se puede decir que igualmente los pacientes en esta época de pandemia, en sesiones on-line, traen sueños, por ejemplo, y aparecen derivas asociativas que permiten el trabajo terapéutico...

Sabemos que, ante el exceso de tensión, de sufrimiento que enfrenta el sujeto, su aparato psíquico apelará a diferentes modalidades defensivas para evitar los dolores que no puede soportar. Una de las formas más regresivas es la somatización ya que es mediante el dolor que siente en el cuerpo, por ejemplo, que puede expresar su desvalimiento Considero que cuanto más rico y diversificado sea el trabajo mental menor será el riesgo de somatización y en eso tenemos que contribuir como psicoanalistas.

Ya que cuanto mayor sea la desorganización y el empobrecimiento psíquico, se supone que el riesgo de somatización se acrecienta. El soma es vivenciado con una exterioridad respecto de la mente y en él se observan los excesos de carga que no pudieron ser procesados. La somatización es una forma de defensa psíquica muy temprana y primitiva en la que el sujeto evacúa a través del cuerpo los aumentos de tensión no soportados por el psiquismo.

Cuando no hubo un sostén, cuando la madre no pudo cumplir satisfactoriamente tanto su rol de barrera protectora como decodificar y nominar las emociones del bebe esto determina que la persona necesite la descarga reaccionando con defensas extremas, favoreciendo la vulnerabilidad somática, y es así que donde no pudo ligar la cantidad se produce la descarga.

Cuando las excitaciones superan la capacidad del aparato psíquico para dominarla, recrudece la angustia y se produce un agravamiento de los síntomas somáticos.

Partimos de que en el psiquismo temprano no hay un yo para utilizar defensas y se hace necesario la presencia del asistente (madre) que tome el lugar de un yo auxiliar, que cuando falla en su accionar, no se pueden ligar las cargas y se descargan los afectos de manera descontrolada e imprevisible.

Marty (2003), afirma que *cuando las excitaciones persisten en cantidad excesiva, la función o los sistemas funcionales demasiado excitados se desorganizan.* (págs. 45 y 62)

Cuando la disponibilidad combinada del aparato mental y de los sistemas de comportamiento se encuentra desbordada, puesta en jaque por una situación nueva, es el aparato somático el que responde con derroteros imprevisibles e inesperados.

No es casualidad porqué somatizamos una parte del cuerpo y no la otra. Es donde quedó la marca y puede considerarse que cada órgano permite simbolizar de maneras diversas la función que no podemos expresar con palabras. La mayoría de las veces enfermedad somática sustituye el dolor psíquico por el dolor orgánico.

Interpretar el significado que simboliza la enfermedad influye en su desarrollo y tiende a evitar que aparezcan otros trastornos, teniendo en cuenta de que cuando ha habido experiencias de dolor dará lugar a fenómenos de escisiones, desinvestidura, descarga por el acto o por el soma.

El cuerpo se transforma, muchas veces, en el escenario improvisado donde se intenta representar el trauma. Al darle sentido en la escucha analítica y ser investido, se conformaría en un objeto restituido de los vínculos del sujeto con su realidad psíquica como dice Fischbein, J. (2018)

En los tiempos de pandemia que estamos viviendo considero fundamental la posibilidad de instaurar espacios de encuentro terapéuticos para que el paciente no encubra toda su realidad psíquica con la realidad material de cataratas de información que pueden ser paralizantes. Es necesario tratar de que pueda seguir funcionando todo su espacio psíquico y no quede ahogado por la pulsión de muerte sino que aparezca la creatividad, la esperanza, la pulsión de vida. No desmentir la realidad material, pero que esto no ocupe todo el espacio psíquico produciendo una anestesia defensiva que insensibiliza paulatinamente su psiquismo transformando lo que sería el miedo normal en un pánico incontrolable a lo desconocido.

El trabajo del analista es percibir al otro como otro y ayudarlo a integrar esos aspectos escindidos, más desorganizados del yo del paciente y de esta manera permite empezar a ligar lo que no pudo ser ligado. El terapeuta tiene que articular la historia con el cuerpo, escuchar al paciente, oír la voz, y comenzar a tejer una trama donde se pueda alojar la posibilidad de un encuentro terapéutico.

Quería terminar este trabajo con estas palabras de Marucco, N. (1998):

"...si bien la teoría de la cura freudiana no ha perdido vigencia, no alcanza a dilucidar otro tipo de patología como aquellas vinculadas al área de la realidad exterior. Aquellas que hoy podemos vincular al área de lo negativo que describiera Missenard, Kristeva, Green, Rosolato, etc. de 'lo sabido no pensado' de Bollas, de aquello que no cesa de repetirse sin lograr una representación verbal. También lo que yo he llamado patología de la desmentida aludiendo a un particular tipo de relación del aparato psíquico con el complejo de castración. En el tratamiento de estas patologías, la presencia del analista no solo como función sino también como persona jugará un papel trascendental en el proceso de la cura psicoanalítica". (pág.267)

Bibliografía

Assoun Paul-Laurent (2008) - *La transferencia* - Editorial Nueva Visión. Buenos Aires.

Bion W. (1962) - *Aprendiendo de la experiencia* – Editorial Paidós.

Fischbein J.(2019) - *Trabajo de investigación grupo de estudios* A.P.A.

Green A. (2005 - *Ideas directrices para un psicoanálisis contemporáneo* –Amorrortu Editores. pagina 213.

Marty, P. (2003) - *La psicosomática del adulto* - Amorrortu Editores. Ediciones Buenos Aires-Madrid, páginas 45 y 62.

Marucco, N. (1998) - *Cura analítica y transferencia* - Amorrortu Editores, Buenos Aires.

Lic. Susana Rasinsky

Licenciada en Psicología
Licenciada en Ciencias de la Educación
Perito Psicólogo.
Miembro Adherente de A.P.A.
Ex -jefa de Psicopedagogía en Salud Mental de Mar del Plata
Ex -docente de la Universidad Nacional de Mar del Plata
Profesora de seminarios y cursos en Mar del Plata y Buenos Aires.
E-mail: susanarasinsky@hotmail.com

Capítulo 9
El trauma social en línea de la pandemia de emociones: Un Caso de un niño de 9 años

Patricia Morandini Roth
Madrid, Abril 2020

> *"Le hasard ne favorise l'invention que pour des esprits préparés aux découvertes par de patientes études et de persévérants efforts."*
> Traducción: *"El azar favorece la invención solo para las mentes preparadas, para ser descubiertas por estudios de pacientes y esfuerzos perseverantes".*
> "La vie de Louis Pasteur; Notre Histoire".
> La vida de Luis Pasteur; Nuestra historia.

En esta época, uno de los acontecimientos socio sanitarios en los que tal vez, como primera vez en nuestra historia, podemos sentir, pensar, razonar y observar las repercusiones ambientales, socioeconómicas, sociales, políticas y psicológicas en línea.(Esta palabra, en línea alude como un continuo temporal sobre la comunicación; sobre el mundo externo-interno, socio-familiar e individual).Estos sucesos socio sanitarios que provoca esta pandemia COVID19 a nivel mundial nos transforma a todos, en cualquier ciclo vital, en especial a los bebes por nacer, a los niños y los adolescentes en vías de desarrollo con complejas repercusiones, comparando la pandemia actual con otras ya pasadas, en la humanidad. Nos preguntamos, ¿Es un acontecimiento histórico con un primer tiempo compartido que deviene en un segundo tiempo en lo traumático? ¿El acontecimiento socio sanitario se asemeja a una situación traumática social? ¿Todo acontecimiento es un trauma? ¿Es un concepto nuevo?

Para pensar en las respuestas posibles nos falta el segundo tiempo del aprescoup para alejarnos del primer movimiento, escuchar diferentes significados, el percibir e intuir sus consecuencias, a posteriori.

En homenaje al psicoanalista Dr. Hugo Bleichmar, (APA-IPA, Sociedad Fórum de Psicoterapia Psicoanalítica) que ha partido hace unos días en Madrid aporto de su pensamiento, un concepto: *"la función hetero-autoconservativa"* (1997), función primordial en el ser humano. para su existencia. El otro como regulador de los afectos y emociones para su contención, pero incorpora "La hetero-autoconservación. Esta función aludiría, al cuidado del otro, a la tendencia a la conservación del otro, *a la protección de la vida del otro.* Esta es una de las múltiples variables conscientes e inconscientes que muchas veces se escucha obstaculizada, saboteada, colapsada u olvidada, por múltiples factores.

La función hetero-autoconservativa es total y repetidamente recordada en lo familiar, lo político, lo social e individual cuando aparece un tema de pandemia, pues la vida esta comprometida, y en lo consciente aparece este grupo de ideas que tiene una connotación de permanente. En un marco de la ciencia compleja, incluye la humanización del ser, tanto clínicamente como técnicamente. De esta forma los sentimientos de fragilidad emocional que provienen de lo real tendrán efecto en su accionar. Dar el apoyo técnico sostenido es una condición para sentir algo de seguridad emocional dentro de la delicada situación de la condición de fragilidad humana. Lo que proviene del medio ambiente puede ser facilitador o no, pues se combina con nuestras defensas. Por lo tanto, nuestra contención necesita integrar estos aspectos emocionales del entorno.

Por lo tanto, la humanización necesita integrar estos aspectos emocionales, en cadena como *"una intervisión en grupo de pares con psicoanalistas, para pensar a las familias, padres, madres, abuelos, bebes, niños y adolescentes"*. Tal es así la cadena de emociones en línea se expande como una pandemia, en nuestras relaciones.

En estos nuevos tiempos, donde lo disruptivo aparece multiplicado con efecto dominó dentro de la clínica se expande con este carácter envolvente, incierto. Y así es *"lo inevitable"*, lo que aparece como *raro y nuevo*, algo de *"lo no familiar"* como escribió Freud en el otoño de 1919 hace mas de 100 años.

Pues no está en el dominio de ningún grupo, esta en lo inconsciente. *Lo Unheimlich*, lo siniestro, forma uno de estos ámbitos: Freud comenta: *"No cabe duda de que dicho concepto está próximo a los de lo angustiante, lo espantable, espeluznante, pero no es menos seguro que el término se aplica a menudo en una acepción un tanto indeterminada, de modo que casi siempre coincide con lo angustiante en general."*

Pasamos de unos días a la fragilidad emocional consciente e inconsciente, y oscilamos desde un polo al otro, con los sentimientos de desamparo, emociones que van y otras vienen. Sentimientos de desamparo emocional que aparecen en línea compartidos en cadena o en soledad.

Volviendo a las aportaciones de Hugo Bleichmar y releyendo sus preguntas para un posible pensamiento de esta época: El psicoanalista comenta: - *"Comenzando por el concepto de objeto, una pregunta que permite acercar-*

nos a su elucidación es: ¿Cómo entra el otro en nuestro psiquismo, sobre que necesidad interior se instala, porque es buscado?". Ahora agregamos y nos preguntamos ¿Cómo se incorpora la trama transubjetiva socio sanitaria de la pandemia en ese superyó protector o devastador? ¿Qué efectos adviene en el aparato psíquico un niño en vías del desarrollo dentro de un proceso psicoanalítico?

Podemos pensar que lo social actual sobre el tema de la pandemia en línea, incluye la nueva modalidad del área educativa por internet en soledad con niños de primaria. La escuela y la educación está representada en otro objeto a incorporar diferenciado. ¿Como se introyectará la función socioeducativa nueva con el cambio vertiginoso en línea a un paciente en su proceso psicoanalítico? ¿Podemos pensar que ciertas características que provienen de lo transubjetivo afectarán lo intrapsíquico y a la vez a la relación analítica en transferencia? ¿Es lo mismo un alumno estudiando en soledad sin su grupo ¿Como le afecta? ¿Qué características tiene este objeto condensado nuevo? ¿Tiene características nuevas, provenientes de lo social en línea que arrasa el psiquismo de los pacientes? ¿Como se adapta el paciente con su nuevo entorno?

Un objeto que he observado en estos tiempos es *"el objeto inquietante"*. Por un lado, está el plano consciente de los niños. Los pacientes de primaria conocen racionalmente que es un virus, que ataca al aparato respiratorio y otros órganos, por el otro lado algo de estos contenidos movilizan núcleos emocionales y afectivos pocos estables generalmente en el plano heteo-autoconservativo, pues tienden a la regulación psicobiológica del otro y de los otros en el si mismo.

Comento un breve ejemplo en línea, recogiendo desde la escucha psicoanalítica el trauma mediatizado por la pantalla de internet pasando en el mismo momento el acontecimiento infantil y el desborde emocional en la clínica, del paciente y la contención de la psicoanalista.

Veremos a continuación el caso de un niño de 9 años. El paciente se llama Gus, es hijo único, un bebé muy esperado por sus padres. Es el primer nieto varón para ambas familias. Su abuelo materno tuvo un episodio psicótico hace años y su abuela paterna tiene Alzhéimer, actualmente.

El niño está en tratamiento hace 2 años dos veces por semana. Los padres consultaron porque refirieron que su hijo se asustaba en el jardín común de su casa jugando con otros niños "Día si y día no". Comentaron los padres que su hijo volvía corriendo a casa, sin decir nada de lo que le ocurría y no quería salir hasta el siguiente día que lo meditaba, y generalmente confirmaba su presencia con sus amigos. Según los padres pensaron que Gus tenía algún problema con los vecinitos. Al mes de haber comenzado el tratamiento el niño relato angustiosamente que veía hombres colgados en el árbol del jardín balanceándose muertos, que le daban mucho miedo. Esto lo hacia salir corriendo a su casa en la cual se calmaba solo. Una vez llegó a preguntar a un amigo si éste también veía la escena. Al darse cuenta de que algo le pasaba, Gus pidió ir al psicólogo. Es hijo único, casi siempre ha obtenido buenas calificaciones en el colegio. Es selectivo con sus amigos, ya que su selección meditada, refleja su inseguridad. Desde que comenzó el tratamiento, amplio su conciencia sobre sus deficiencias y conflictos, que hasta el momento de la consulta se sentían disociados o como no existieran. Gus es daltónico. Sobre el tema de los colores decía no hacerse problema, como si no importara. Esto en principio estaba negado por él mismo, en el transcurso de sus sesiones decidió marcarse los lápices con números para dar mas equilibrio cromático a sus dibujos. Así se dio cuenta que había diferentes tonos que el podía percibir. Los episodios alucinatorios cesaron. Se lo observaba muchísimo mas tranquilo, abierto y comprometido con su tratamiento.

Al comienzo de la pandemia y el confinamiento en casa de todas las familias cambiamos la modalidad de presencial a virtual por Skype. Las sesiones las conservamos en su mismo horario. Los padres y el paciente aceptaron seguir con el encuadre del tratamiento en la primera sesión virtual, con esta modalidad todos juntos por Skype.

En la segunda sesión de haber modificado el encuadre cuerpo a cuerpo y pasar a forma virtual se desplegaron algunos contenidos que estaban todavía en stand by o en vías de transformación en el proceso psicoanalítico infantil.

Segunda sesión después de haber pasado al encuadre virtual a 11 días del confinamiento en la casa y segundo año de tratamiento.

Diálogo Clínico: Abril del 2020. (*)

Gus llama a la psicoanalista por video llamada, unos minutos antes de la hora. La psicoanalista atiende y se encuentra en la pantalla una imagen con un ojo oscuro que se abre y se cierra.

Impresionada por el encuentro de juego del paciente, transformo el juego silencioso para encontrar palabras con significados, para el paciente dentro de su campo clínico que va emergiendo.

Psi: - "Hola Gus buenas tardes, ¿estás allí?"

Gus: "Hola…. hola… hola…. No te veo". (Agitado, con angustia confusional)

(Silencio largo) (Me pregunto si es un juego o un desborde psíquico importante)

Psi: - "A lo mejor no me ves ahora, pues estas buscando dentro de la pantalla y claro, yo estoy fuera del ordenador, nos escuchamos los dos, el jueves nos vimos muy bien frente a frente con tus padres."

Silencio

Gus: - "Si ya…. pero ahora te iba a contar una cosa, no quiero que mis amigos del colegio escuchen esta conversación…. yo estoy mirando si pueden hacerlo. ¿Pueden escucharnos? (Se aparta de la pantalla, permitiendo que yo lo vea a corta distancia, con gesto incomodo, serio algo mas tranquilo)

Yo estaba jugando al Roblox, el domingo y ellos me echaron. Pues dijeron, que no lo hago bien, ¡Que trabo todo el juego, no se! Yo juego como siempre. Y bueno me fui muy enfadado y le dije a mi mamá que no iba a jugar con ellos. Dicen que lo hago fatal. Fatal estarán ellos. ¿Con quien voy a jugar si no quieren que este conectado? ¡A ver si se conectan y no me doy cuenta!… espera que miro. (Se aleja de la pantalla, trae su consola) Ahh ya esta, esta todo apagado."

Psi: - "Porque crees que te sientes inseguro en tu habitación".

Gus: - "Porque, mmmm estoy pensando, puedo dejar abierta la llamada, soy torpe y ellos escucharme, verme.

¿No te ha pasado alguna vez? A mi madre se dejo la llamada abierta y mi abuela escucho toda la conversación con mi padre, y no le gusto para nada pues la estaban criticando. (El gesto de la cara denota disgusto, aprieta la boca disgustado, toca con un dedo la cámara) ¡Heh! ¿A qué es de color el dedo? no se que color ves creo que se tapa con negro.

Decime la verdad tu ves la cámara tapada y no me ves. Si tapo la cámara con un papel y un "celo" (celo se le dice al adhesivo) vas a ver del color de la hoja y yo me quedo mas tranquilo. Pues no me ves. Y si no me ves, no me ven los demás. Los chicos estos, tampoco." (Con miedo y tensión)

Psi:" Puedes hacer lo que quieras con la cámara, claro no romperla. ¿Te preocupa que te vean, que te espíen? Ellos no están conectados. Estamos ahora conectados tu y yo."

Gus: "Hola hola hola ......jajajajajajajja a ¿ver que hay adentro? ahora pongo un poco de cinta adhesiva en la cámara y me quedo tranquilo. De noche sueño y me despierto. Las camas se derriten y los relojes están abajo, los estoy buscando. Busco y busco están estirados como chicle, que fastidio limpiar toda la mugre una y otra vez es imparable. La mugre viene de afuera. Tú ¿no tienes mugre que viene de afuera.? Tenia un reloj con forma a coche de formula 1 que se pulverizó. ¿Serán estos que siempre les gustaba mi reloj? Es uno gigante que tengo en mi cuarto. Ahora sigue allí. Me da miedo irme a dormir, no quiero descolgarlo y llevarlo a la cocina, es mío. Pensando no me gusta verlo colgado. Esta muerto ese reloj no tiene pila. Creo, que si siguen así, nada va a tener pila.

Mira doy vuelta un poco el ordenador a ver si lo puedes ver. Mi madre no quiere ir al súper a comprar, dice que va a comprar lo imprescindible cuando toque y lo que no se necesita, no se compra mas. Yo quiero que algo funcione. No puedo pasear a Ricky (perro) pues soy pequeño y lo puede hacer solamente mi mamá o papá. Estoy fastidiado. ¡Anda! Me olvidaba mi profesora de música puso un ejercicio de claves que yo no tengo ni idea, no entiendo las claves son difíciles. Parecen jeroglíficos como el chino que no me gusta tampoco, estudiar chino. El año que viene no voy a elegir ni loco, ese idioma como me toque esto otra vez, no estudio mas. Voy a sacar el papel y la cinta adhesiva de la cámara así compartimos pantalla como me explicaste el jueves y te muestro los deberes cabrones que me ha dejado esta profesora que nunca aparece". (con ira y rabia)

Psi: - Te entiendo tu rabia y tu mal humor, a ver.... Me imagino que puede sea difícil. A lo mejor puedo ayudar a descifrar los jeroglíficos si quieres.

(El paciente retira el papel destapando la cámara, se le ve el gesto animado y serio. Abre su portal del colegio por internet y clickea la asignatura música, abriendo los archivos, para que yo los vea.)

Silencio.

Gus:- ¿Has visto este ejercicio de pentagramas yo no se ni la claves de fa, ni la de sol....la clave de fa y de sol se parece a un Scalectrix roto de mi padre. Jajajajajjjaja que tontería (Con excitación y desdén)

Psi;- "Hoy parece que hay algo roto ....en muchos sitios, lugares que no te gustan y otras cosas".

Gus:- "¡Si hoy no funciona nada! El robot Rumba (Mini robot doméstico que limpia los suelos) dejo de funcionar esta atascado de la mugre. Sigamos con esto. Estoy cansado, estoy cansado de leer cosas que no me gustan, no me gusta los pentagramas, no los entiendo. Tampoco mirar, estudiar así todos los días, que hay mucha mugre que viene de afuera como las bacterias que sabes que están y no las ves. Y lo que quieres ver no lo puedes ver. Pero después haces que no están, pero están. ¿A ver si... me entiendes? (Con voz monótona)

Psi.- "Te entiendo mas de lo que tu crees. Claro que lo que cuentas es muy cansado. Mira si te sientes cansado a lo mejor puedes permitirte descansar de tantos jeroglíficos que no entiendes y si no has dormido bien, descansar es bueno".

Gus: "-Es que papá no me deja estar acostado de día en la cama".(Enojado)

Psi- A lo mejor hablamos con papá y mamá para ver esto del cansancio. Los llamo por teléfono ¿qué te parece?

Gus: (Asiente con la cabeza) "Porque no le cuentas que deben comprar algunas baterías y que yo estoy agotado. Quiero que algo funcione."

Podemos escuchar la desesperación de un niño agobiado por un cambio vertiginoso del confinamiento por la pandemia y su confusión de un lugar inesperado que no quiere ocupar. Donde el derrumbe psíquico interpela sus constantes vitales como el sueño y sus imágenes, a sentirse acompañado y protegido.

Además, se agrega la invasión disruptiva de una infinidad de variables socio-sanitarias recurrentes de afuera hacia adentro que atrapa el psiquismo infantil en vías de desarrollo. En este paciente como en otros aparece el pedido de contención muy claro, de lo perdido, de lo que no es ni fue porque el sufrimiento en línea está allí, no tramitado y oculto. Oculto para ser develado y transformado. La contención y la escucha transforman un deseo del paciente de 9 años como una gota de esperanza de que algo funcione de forma nueva. transformado en una salida posible. Con sus palabras prueba a su familia invitándolos a una oportunidad, para ser reconocido como un niño con muchas necesidades vitales y viables.

Bibliografía

Bleichmar, H.(1997) " Avances en Psicoterapia Psicoanalítica" . Editorial Paidós.

Bleichmar, H. (1999)"Fundamentos y aplicaciones del Enfoque modular-   Transformacional". Vol. 0001/1999. www.aperturas.org

Freud, S. (1919) Lo Ominoso. Obras Completas. Amorrortu Editores. Vol. XVII

Pasteur Louis. "La vie de Louis Pasteur; Notre Histoire". En www.pasteur.fr

*Consentimiento informado para la publicación del caso Gus. por parte de la familia del menor.

Prof. Lic. Patricia Morandini Roth

Directora del Centro Consulta Abierta (Centro concertado para prácticas clínicas de Universidades UNED, UEM, UDIMA) en España.

Profesora de Psicoanálisis de niños, adolescentes, adultos, familia, pareja, vejez en el Máster Universitario de Psicología Sanitaria y Máster de Psicología del desarrollo Infantojuvenil de la Universidad Europea De Madrid.

Profesora de Seminario de Niños y Adolescentes de la Sociedad Fórum de Psicoterapia Psicoanalítica (Formación Continua), Presentadora de casos clínicos en el Hospital Universitario La Paz, Madrid. (Sociedad Fórum de Psicoterapia Psicoanalítica)

Co-coordinadora del Taller de Prevenciónn en Salud Mental infanto-juvenil.

E-mail: centroconsultaabierta@gmail.com

La Pandemia 2020 cuarentena: algunas reflexiones. Caso Nina

Margarita Edit Szlak de Cederbojm

Al comienzo de esta situación declarada como pandemia global, en donde la Argentina a través de la presidencia toma medidas que al principio parecían extremas, me preguntaba ¿Y si las medidas estuvieran justificadas? ¿Si estamos frente a una pandemia sin precedentes que ameritan medidas extremas? Y sí, esta situación de pandemia no se había vivido jamás.

Entonces se me hizo claro que el sistema político por sí mismo no puede ejercer el control de la gente, que se desborda frente a cualquier situación de "afloje" (ir a bancos a cobrar), o "permisos" para salir del confinamiento.

Parecería que es necesario agitar el estado de pánico permanente a través de los medios masivos de comunicación para poder lograr un acatamiento disciplinario sin disidencia y con aplausos incluidos.

Y es así como queda claro que los balcones comienzan a tener una nueva significación; pasaron a ser un lugar de reunión, de plaza pública a distancia, un lugar de mínima expresión, de ver al otro, de contacto con el otro en donde se aplaude a los médicos y sanitarios, pero también se hacen cacerolazos cuando no hay acuerdos, o se canta en solitario o en coro.

Convengo que hay que tener distanciamiento, pero se debería llamar distanciamiento físico y no distanciamiento social. Sabemos todos que somos seres gregarios, sociales, somos mamíferos y tenemos, necesitamos "el apego", el contacto y el vínculo con otro.

Esto es lo que se pierde el contacto físico de estar en una reunión, un café o circulando simplemente y eso es contacto físico pues lo social lo podemos sostener por las redes sociales, y la tecnología y a pesar de esto quedamos con gusto a poco, o de algún sinsabor.

Es como si se estuvieran remodelando las relaciones, la sociedad y no sabemos cómo vamos a quedar luego de este detenimiento involuntario pues es un fenómeno que impacta muchísimo por la velocidad en que los sucesos se producen desbaratando inesperadamente tanto a la política como a la economía.

Y frente a todo esto nos preguntamos: ¿qué nos pasa? Lo primero que necesito decir es que tenemos mucha suerte en relación a otras épocas históricas ya que hoy vivimos en un mundo diferente. A pesar de este distanciamiento necesario,estamos comunicándonos a través de los teléfonos,los teléfonos inteligentes o no, la tv, las redes sociales, etc. Pero por otro lado pienso :Si bien esta comunicación actual nos acerca, (aún en cuarentena) a veces parecería ser que tanta réplica de mensajes por WhatsApp, tantas reuniones por zoom, skipe, con camaritas y con audios reuniones *webinar* puede llegar a ser sofocante también y provocar más angustia.

Creo entonces que frente a esta nueva realidad es necesario dosificar la información y los contactos, para permitir digerirlos. Ver esta crisis también como una oportunidad y poder detenernos a pensar en el medio de la misma, y tratar de poner palabras a lo que aún no comprendemos como una forma de ayudarnos a crear espacios de reflexión que actúan como continente para las ansiedades que se disparan.

Es por esto que a este fenómeno lo llamo también apego como un apego virtual, necesario para asegurar la hetero-autoconservación, lo muestra el apego compulsivo a las redes de comunicación y se convierte en la fuerza motivacional del psiquismo que organiza la vida de fantasía y la conducta, que comunica angustias y sufrimientos específicos, ansiedades de separación, dolor por el duelo por el objeto que potencialmente se puede perder o que se perdió sin poder ofrecer el consuelo de un abrazo.

Esta situación ha conmovido a todos de una manera importante ya que todos atravesamos en conjunto un mismo flagelo como es el temor del contagio del virus, tanto a los analistas como a los pacientes. Eso no significa que nos iguala en cuanto a nuestra función analítica pero sí que estamos ante mundos superpuestos pero diferenciados. Evidentemente la cuarentena nos enfrenta de manera inexorable a un cambio de paradigma, pero si bien nos comunicamos de manera diferente no es cuestión de que el barbijo nos tape la mirada y la escucha analítica ya que es un requisito básico de nuestro quehacer.

Es por eso que a la hora de estar en conexión con el paciente, debemos tener en cuenta la nueva situación que viene acompañada en general de angustia y que puede imposibilitar poner en palabras los sentimientos que aparecen sin máscaras,desnudos, pues tienen que ver con lo siniestro, el miedo y el temor a la muerte de uno mismo o la pérdida de un familiar

Aprovecho para citar al Dr. Hugo Bleichmar quien en su artículo *"Fundamentos y aplicaciones del enfoque modular-tranformacional"* (Aperturas Psicoanalíticas/artículo 52 pág. 2/23) se pregunta:

...";¿ qué paradigma vemos en el horizonte actual como aquél que permite una mejor aproximación a la

descripción de un sistema complejo como es el psiquis-mo?".

Nacemos en la intersubjetividad y uno de sus componentes y sistemas es la hetero-autoconservación, que se aprende y se practica en la *heteroconservación* que implica la tendencia a la cooperación con otro como elemento definitorio en el ser humano ya que esa cooperación forma parte de la trama fundamental de su existencia. Este concepto lo considero de suma importancia para aplicar en este momento que estamos atravesando donde es imprescindible más que nunca la cooperación y la solidaridad.

Obviamente tenemos que tener presente a la hora de la atención todos los conceptos teóricos estudiados pero también prepararnos para lo nuevo por-venir, ser cautos en las intervenciones terapéuticas sin desdeñar el miedo que todos compartimos pero tratando de que no se convierta en pánico. Tener en cuenta los cuadros psicopatológicos de base que se entrecruzan sin dudarlo con la historia personal,lo transgeneracional, lo ya vivido y las expectativas actuales como las motivaciones alrededor de los afectos, la pulsión, los deseos, la búsqueda del placer, las angustias y las defensas ante el dolor psíquico.

Justamente en la complejidad siguiendo los lineamientos del pensamiento complejo que nos propone *Edgard Morín,* se introduce la virtualidad como un tema que por mi situación personal había comenzado ya a usar desde el año 2015 pero que ahora se fue potenciando en forma exponencial.

En relación a esto es que quiero comentar **un caso de una niña de 11 años,** a quien llamaremos Nina derivada a mí telefónicamente por un colega,a mediados del mes de Abril del corriente año. El primer contacto lo hace la madre, mujer de 50 años quien comenta que es separada desde hace 10 años y que vive con sus dos hijas ; la mayor de 18 a y la paciente por quien hace la consulta.

La madre me aclara que es frente a la insistencia de ella, o sea la propia demanda de Nina que me consulta:

-Madre :..." *no puedo precisar bien los síntomas de Nina, está como distraída nerviosa, No así la mayor de 18 quien no me preocupa, habla mucho con sus amigas...tiene otro carácter...Nina está pendiente de mi ... está muy conectada conmigo ...duerme conmigo, a pesar de tener su habitación, los deberes los hace obligada, no se concentra, los hace conmigo y yo me pongo nerviosa...Yo ya estoy en tratamiento hace rato con un psicólogo y la voy llevando bien. El año pasado me extirparon un pecho, tuve cáncer y luego me sentí bien y paulatinamente fui haciendo mi vida normal, a hacer gimnasia y empecé a tener un dolor en la espalda. Por eso al tener dolor me hicieron un examen porque tuve un edema óseo .A mediados de abril me tienen que dar el resultado de la biopsia ósea., o sea dentro de una semana (justo cuando se declara el levantamiento de la cuarentena establecida)".*

Así mismo me comenta la madre preocupada que ella tiene mucha conexión con esta niña de 11 años y estando internada todavía al minuto que se despertó de la anestesia de la punción ella (la niña) la llamó por teléfono del colegio para ver cómo había salido esa práctica.

Estos fueron los antecedentes sobre el entorno de Nina y luego de escuchar el relato de la madre lo primero que pensé fue que situación difícil justo ahora en estas circunstancias de pandemia y riesgoso tanto para la madre como para estas chicas, si es que se confirma el síntoma de la madre y hay que volver a intervenirla. Están viviendo sin el padre cerca, y sin alguna figura de sostén ya que con los abuelos maternos tienen un vínculo lejano, casi inexistente.

La llamo a Nina al día siguiente y tenemos la entrevista virtual:

Observo que se trata de una hermosa niña, muy desenvuelta sumamente pícara y despierta, que me comenta :

-Nina: estaba con muchas ganas de conocerte, mi mamá me dijo ayer que había hablado con vos sobre mi

-Analista: Hola Nina! Mucho gusto (le digo mi nombre) que es lo que querías contarme?

-Nina: lo primero que quería decirte es que en la escuela es que en 3ro (tercer grado)me cambiaron de turno, iba a la tarde y ahora ya estoy en 6to al turno de la mañana (me cuenta sobre su vida escolar,y, por ende el cambio de amigas ...ella dice adaptarse,pero no tanto) mis amigas cuando era chiquita eran" R "y "J"...pero ahora ya no son tan amigas, no sé bien por qué ...ahora yo me hice más amiga de" C", pero no tanto.

-Analista: (como me hablaba solo de niñas le pregunté) Hay varones en tu aula también?

-Nina: Si, pero son todos tontos, entró un varón nuevo ...a mí me gusta pero "J" le hace (bulling), yo hable con" R" y le dije que eso no se hace que está mal, bueno mucho más no te puedo contar pues ya no hubo clases. Ahora tengo clases por internet...

-Analista: Y cómo te llevas con eso de clases a distancia?

-Nina; yo hago los deberes, pero hay materias que no me gustan y están dando cosas nuevas que no entiendo... a mí me gusta las ciencias de la naturaleza, matemáticas no me gusta y me ayuda mi mamá .

-Analista: Y a tu papá lo ves en esta época?

-Nina: No, papá vive lejos en otra localidad de la provincia de Buenos Aires . Se volvió a casar y tiene 2 hijitos, el mayor tiene 7 años, y la menor tiene 2. Es muy chiquita (silencio) me llevo bien con él de 7 (silencio)pero ahora no nos vemos tanto con el tema de la cuarentena . Tanto mi hermana como yo lo veíamos a papá, venia casi todos los días a buscarnos a la salida del colegio y merendábamos juntos. Papá trabaja en su taller de arreglo de autos por este barrio así q su casa. Prefiero estar en casa con mama y mi hermana que somos 3.

-Analista: Y tenés abuelos?

-Nina: con los papás de mi mamá y su familia casi no nos damos pero si con los papas de mi papa, pues ellos también viven por esta zona, y papa cuando viene a buscarme aprovecha a visitarlos o vamos a almorzar allí.

-Analista: vos vas a visitar a tu papa a su casa?

-Nina: a veces voy … me llevo bien …pero mucho no me gusta no tenemos cosas en común… es un lio cuando estamos todos juntos (silencio) somos muchos.

(Nina cambia de tema rápidamente y comenta muy alegre) A mí me gusta mirar el cielo. Con mi hermana mayor lo hacemos sobre todo ahora que las noches son más brillantes .Tenemos un telescopio en casa y desde el balcón vimos ayer una estrella fugaz y fue hermoso. Me gusta todo lo que tiene que ver con eso, la astronomía…

-Analista; sacaste foto?

-Nina: nooo porque fue muy rápido, pasa y ya, no te da tiempo!

Pensé y por supuesto no lo mencioné que Nina tal vez sienta que su madre es como una estrella fugaz que se le puede escapar en cualquier momento, tal vez una de las razones que la lleva a querer estar con ella en todo momento, aún para dormir.

Al preguntarle cómo se siente me dice:

-Nina; y tengo un poco de miedo "como todos de contagiarse" porque el tema del virus puede atacar a todos… a veces tengo miedo y pienso que eso de la punción que le hicieron a mamá que salga otra vez maligno, pero quisiera que eso no pase pues me acuerdo que el año pasado mamá estaba triste y discutía todo el tiempo con mi hermana, por cualquier cosa.

Con este caso se puede pensar muchas cosas pero quiero destacar una que saltaba a la vista y es el mecanismo de negación tan común a esa edad particularmente donde en general hay una negación de la enfermedad y la muerte ante situaciones de riesgo. Considere que teníamos un trabajo por delante para hacer frente a los cambios que va viviendo por ej.: cambios en el turno en la escuela, de amistades, cambios en su cuerpo, las diferencias físicas que ve que se van operando en ella y que puede observar a través de su hermana mayor, cambios en el cuerpo de su madre al haberle sacado un pecho, renovación de los miedos frente a la pandemia y a la biopsia de su madre y sus implicancias afectivas. También la esperanza que transmite en el encuentro conmigo donde se la ve comunicativa y muy entusiasmada, como expresando sin palabras la necesidad que tenía y el alivio que le provocaba el encuentro terapéutico aunque fuese virtual.

Atendiendo a su demanda y le pregunto a Nina de manera coloquial si le gustaría que sigamos encontrándonos así, con esta modalidad y me contesta:

-Nina: claro!!! Me encantaría.

Acordamos un nuevo encuentro para la siguiente semana. La situación de Nina me dejo un sabor agridulce, por un lado agradable por la buena y rápida transferencia y amargo por la incertidumbre que me embarga al conocer parte de su realidad dentro de esta pandemia.

Me produjo una sincera necesidad de ayudarla y acompañarla pero tratando de no ser intrusiva le di la opción que me llamara si le surgía la necesidad de comunicarse conmigo antes de nuestro acuerdo de vernos la próxima semana. A los cuatro días de nuestra la sesión y al dejar la posibilidad de conexión, para mi sorpresa me llama la madre por teléfono para decirme que justo la niña quería comunicarse y contarme algo que le sucedió. Como tiene su teléfono yo le envió un mensaje que estoy disponible para ella y que me llamara. La escucho como si estuviera muy angustiada y me dice:

-Nina: hola Marga, cómo estás? Quería contarte que me pelee con mi amiga "C". Ella me acuso de algo que yo no había dicho…yo le dije que estaba mal que le hicieran bulling al chico nuevo y ella me acuso de que yo dije que era ella la que lo hacía…que hablaba mal de él …yo le dije a "C": no reflejes tus cosas en mí. Yo si hablo por teléfono con el chico nuevo…fue ahí cuando me bloqueó y me cortó, pero te juro que yo al chico no le dije nada.

"C" elimino un mensaje y yo lo leí igual…le conté a mi mamá de "C" y mamá es muy viva y me dijo que "C "es una "zarpada" …igual a mí me dolió pues yo tendría que haberme enojado con ella porque me acusó.

-Analista: y por qué crees que "C" es zarpada?

Nina: Bueno tengo que contarte algo que no se lo conté a nadie, mi mama lo sabe y por eso dice que es una zarpada…;resulta que " C" vio en Instagram a un chico que le "mostraba sus partes" y ella, a pesar de que yo le dije que no lo siga haciendo,porque no sabe quién es y no aparece su perfil pero igual siguió hablando con él

Vos sabes fue ahí cuando se lo conté a mi mamá y ella me dijo que es una zarpada.

-Analista: puede como dice tu mamá que tu amiga" C

"sea una zarpada y tal vez necesitó bloquearte y pelearse con vos porque vos conoces algunos secretos que no le gustan que los comentes:

1)   Por ej.: Que "C": hablo mal del chico nuevo de la clase

2)   Que ella sigue en Instagram en un vínculo que es peligroso, pues puede ser que la estén engañando y que sea un adulto mal intencionado

Nina me sonrió y me dijo que" no había pensado en eso que tal vez "C" la bloqueó por eso…" coincidiendo conmigo, y era tal vez la verdadera razón .

Antes de cortar el teléfono y quedar con ella en una nueva sesión sentí que Nina tiene una personalidad que hace que cada encuentro se pueda intimar más y mejor, es abierta y confiada, si bien tiene insight sobre el nivel verbal, declarativo cuando por ej. le dice a su amiga " no reflejes tus cosas en mí", donde queda claro que no acepta esa proyección y resulta muy significativo sin embargo que todavía soslaya en diferentes oportunidades hablar y referir sus miedos y sus angustias respecto a la enfermedad y peligro que corre su madre que considero que poco a poco ira trayendo a medida que se desarrolle el proceso terapéutico. Podría decirse que Nina usa el mecanismo de la desmentida como una defensa necesaria en principio en relación a la percepción y el miedo que le produce la enfermedad de su mamá que evidentemente le cuesta mucho pensar y que considero que está relacionado con su demanda de tratamiento y como expresa la necesidad del mismo con el transcurrir de las sesiones.

Bibliografía

Bowlby j (1985), "Psychoanalytic Inquiry" 37,5332-342 *"La teoría del apego y la práctica clínica un punto de vista psicodinámico"*,Anuario UBA Buenos Aires.

Bleichmar H (1997), *"Avances en terapia psicoanalítica. Hacia una técnica de intervenciones específicas"*. Paidos, Barcelona

Lic. Margarita Edit Szlak de Cederbojm

Lic. Psicología de la UBA
Miembro de la Asociacion Psicoanalitica Internacional
Miembro de FEPAL
Miembro titular en función didáctica dela Asociación Psicoanalítica Argentina APA
Miembro titular en función didáctica de la Asociación Psicoanalitica de México APM
Publicación de artículos en la Revista de APA y APM
Psicoterapeuta de: Escuela de Psicoterapia para Graduados
Profesora de Altos estudios judaicos Universidad Hebrea.(Mijlalá) de Argentina
Colaboradora en Espacio Bion-post Bion
Colaboradora en depto. de Niños y Adolescente
Participación en curso de autogestión en:
Fundamentos de clínica y técnica
Participación en Espacio Lacan
Curso de Filosofia del pensamiento Complejo de Edgar Morin con el profesor Raúl Motta
E-mail: margaritaszlak@hotmail.com

Laura Temis Jaite

A la manera de un Backstage

Intercambiando nuestras impresiones y experiencias para el libro trabajando en cuarentena en tiempos de Pandemia.

Dra. Hilda Catz
Dr Carlos Tewel
Dr.a Hebe Abrines
Lic. Catalina Martino
Lic. Alicia Szapu de Altman
Lic. Patricia Chavero
Dr. Federico Bianchi
Dr. Francisco Guerrini
Lic. Marta Lago
Lic. Margarita Szlak
Lic. Viviana Kalmanowiecki
Lic. Susana Rasinsky
Lic. Mirta Iwan
Dra. Sara Zusman de Arbiser
Dra. Beatriz Markman Reubins(EEUU)
Lic. Monica Toscano (Roma)
Lic. Patricia Morandini Roth (España)

...”la expectativa esperanzada y confiada
es una fuerza eficaz de la que en rigor
no podemos dejar de prescindir
en todos nuestros ensayos
de tratamiento y curación..."
Freud, S. (1890)

Este libro es el resultado de un intenso intercambio entre los miembros del Departamento de Niños y Adolescentes de la APA, desencadenado al decretarse la cuarentena como forma de enfrentar la Pandemia del virus covid19.

Ante la imposibilidad de realizar nuestras actividades habituales en la Institución, decidimos reunirnos de todas formas para pensar acerca de cómo estábamos afrontando los acontecimientos referidos a la Pandemia declarada en el año 2020.

Así, entre todos los que formamos parte del mencionado Departamento comenzamos a compartir nuestras inquietudes ante la evidencia de los hechos que se sucedían y hacían tambalear, entre otras cosas, muchos de los supuestos que sosteníamos respecto de lo que llamamos psicoanálisis.

El intercambio de nuestras impresiones y experiencias ante un peligro desconocido como el virus del covid19 y sus imprevisibles y trágicas consecuencias trabajando en tiempos de cuarentena nos llevó a querer transmitir nuestras reflexiones para poder seguir sosteniendo la tarea ante el horizonte de incertidumbre y extrañeza frente al que nos encontrábamos y nos encontramos.

Lo que nos constituye a todos como individuos fue sacudido por un virus incontrolable que por sus características destruyó todo lo supuestamente establecido, por más que se lo quiera desmentir, y nos enfrentó con un estado de perplejidad difícil de sobrellevar. Así, pensamos que se trata de una catástrofe de dimensiones insospechadas, y podría decirse sin precedentes, ante la cual se hace necesario resistir y soportar la turbulencia, la violencia física y psíquica que implica la subversión de los valores de lo ya conocido que arrastra esta especie de Tsunami viral.

Esta apocalíptica pandemia de coronavirus nos enfrenta a nuestra vulnerabilidad, a las pulsiones más primitivas que impone el aislamiento, así como al "darwinismo", de quizás tener que elegir a los que van a vivir en esta crisis sanitaria del siglo XXI. El otro empieza a ser alguien de quien hay que resguardarse, un desconocido temido del que hay que aislarse; por ello resulta necesario abstenerse de distorsiones defensivas de una realidad que es de por sí aterradora y dolorosa.

Tratar de atravesar la inevitable cesura que provoca esta Pandemia con todo lo conocido, lo valorado, lo amado y vivenciado como propio de lo humano no es fácil y nos demanda el coraje de poder aceptar nuestra fragilidad y vulnerabilidad. Por tanto, deberemos intentar descubrir y sostener nuestra tarea que, desde nuestra perspectiva, se apoya en una mirada psicoanalítica que pueda armar continentes como modelos – que, sabemos, serán circunstanciales y descartables – para pensar lo impensable y que hagan las veces de instrumentos conjeturales para poder atravesar esta situación catastrófica.

Siguiendo la enseñanza de nuestros pioneros, consideramos la importancia de trabajar en grupo, y del resultado de esos encuentros se fue generando este libro. Fuimos reuniendo nuestras experiencias y la de muchos otros colegas que se sumaron a nuestra búsqueda, abriendo interrogantes y sosteniendo la duda y la falta de certezas como una forma de salud mental.

Parte de nuestro objetivo fue también invitar a los lectores a compartir estos encuentros, donde van surgiendo propuestas grupales de futuros trabajos frente a un porvenir tan incierto. Es como si se tratara de una forma de no dejarnos vencer por el desconcierto y pensar en un porvenir de proyectos sostenidos con la fuerza de nuestras búsquedas donde el Psicoanálisis puede ofrecer resistencia demostrando su potencia clínica en el medio de la tormenta.

Acta del día 6 de abril de 2020

Empezamos con el trabajo de Alicia con su pacientita que comenzó cuando tenía 5 años, mucho antes de esta pandemia por supuesto, y que debido a la distancia la consultaron por WhatsApp por algunas dificultades de la niña con la que ni siquiera compartían el idioma y quien entonces se expresaba mayormente a través de sus dibujos. La paciente ahora tiene ya 8 años. Alicia trabajó con todo el grupo familiar, que funcionaba también como asistente técnico y pudieron desplegar un espacio de juego e intercambio entre todos. En la actualidad la paciente ya puede estar a solas con Alicia y mantiene además una fluida comunicación por WhatsApp que permite sostener el dialogo analítico con activa participación y compromiso.

Marga relata su experiencia con la consulta de una mamá por su hija de 12 años debido a su preocupación por el estado psicológico de la niña ante la posibilidad de la reaparición de metástasis de un cáncer que la madre había tenido y por el cual la operaron. Nos cuenta Marga que la paciente tuvo una muy buena respuesta a este tipo de comunicación y pudo observar que se sentía aliviada de poder tener sesiones por este medio, mostrándose entusiasta y participativa. Marga destaca la importancia de mostrar el lugar de trabajo del terapeuta a los pequeños pacientes y que ellos puedan mostrar el propio si así lo desean: sus juguetes, sus dibujos, sus objetos. Según su experiencia en general los chicos lo hacen muy dispuestos porque les gusta que los terapeutas conozcan su casa.

Hilda propone tener en cuenta cuán imprescindible resulta el dialogo terapéutico con una niña, que incluye de alguna manera a su hermana de 18, que está cursando su pasaje de la niñez a una feminidad en ciernes con la llegada de la menstruación y el impacto emocional que puede significar con una mamá a la que le extirparon un pecho y sus consecuencias temidas en la actualidad.

Carlos nos habla de la importancia de tener una mirada más abarcadora que incluya nuestra perspectiva, es decir, que estamos como en mundos superpuestos, participando de las mismas angustias y miedos que nuestros pacientes y que, sin negarlo, podamos armar espacios de juego con ellos. Serán diferentes, en algunos casos imprevisibles pero – en eso coincidimos todos – muy necesarios para atravesar esta profunda crisis.

Catalina subraya que teniendo en cuenta todo lo expuesto no nos quedemos "atrapados" en una Contratransferencia Concordante como decía Racker, sino que la tengamos en cuenta y la podamos elaborar ya que si se la desmiente, la relación analítica queda "contaminada", para usar una metáfora a propósito de estos tiempos del virus.

Mirta habla de la importancia de resguardar el lugar del analista tratando de conservar una distancia óptima, equilibrio que requiere un esfuerzo muy grande de nuestra parte, lo que tal vez da cuenta del hecho de resultar más cansados que lo habitual al finalizar el día.

Hebe plantea por ejemplo que recibe llamadas de ex pacientes para saber cómo está, manifiestan preocupación por su bienestar pero puede que también expresen de manera encubierta la necesidad de una consulta.

También está el caso de una paciente que buscó "refugio" en lo de su novio y la madre de él le cobra el alquiler por ejemplo. Esto instala una polémica en torno a la repetición de un vínculo de desamparo que la paciente vivió con su propia madre, o la posibilidad de que la madre de su novio le esté marcando las diferencias, como dice Federico, y la ponga en contacto con su realidad externa e interna. También se evalúa el hecho que dependiendo de las posibilidades económicas y del entorno este alquiler puede ser algo aceptado como normal o no. Aquí aparece la sociedad en que se vive y lo obvio según las posibilidades y las costumbres de cada grupo o clase social que frente a la cuarentena cuenta con recursos y espacios diferentes para poder afrontarla.

Federico remarca la necesidad, y también la dificultad, de mantener la atención flotante y un encuadre que empieza a tener características distintivas con respecto a lo ya conocido y que nos presiona para salir de posicionamientos extremos que dañan la importancia de sostener la mirada psicoanalítica en estos momentos de urgencia subjetivante, más allá de todo.

Sarita continua con esta idea trayendo el caso Richard y de cómo Melanie Klein trabajaba en plena guerra con el pequeño. Sin desconocer que al mismo tiempo, como dijo Catalina, Winnicott en la Sociedad Británica en el medio de una conferencia "avisó" que estaban cayendo bombas en Londres.

Hilda agrega que como decía Bion hay dos cosas que un analista no puede olvidar, a saber: la sociedad en que vive y lo obvio, el sentido común. Desde esta perspectiva se trata de sostener la mirada psicoanalítica en el encuadre interno de la mente del analista, ya que tampoco tenemos la posibilidad, como tenía Klein, de atender todos los días a un paciente, lo que condiciona nuestra tarea. Podemos decir que eso no es mejor ni peor, pero los tiempos han cambiado, y los cambios a los que asistimos ahora son vertiginosos e imprevisibles y conviene tener la plasticidad necesaria para poder afrontarlos y seguir apuntando a la capacidad "subjetivante" de nuestra tarea en tiempos de crisis como esta pandemia.

Viviana propone integrar la angustia paranoide de los pacientes, partiendo de reconocer la de los analistas y relata que una paciente le pagó por adelantado todo el mes como una forma de asegurarse de que ella iba a estar para atenderla.

Hilda postula también tener en cuenta la posibilidad de la gratitud. Klein escribió Envidia y Gratitud pero en general nadie lee la parte de Gratitud, algo que la misma Klein dice al final de su vida.

En el ejemplo de Viviana, es importante rescatar y resaltar la gratitud de esa paciente hacia ella y su trabajo, lo cual nos habla del crecimiento mental y la posibilidad de evolución de la mirada puramente narcisista, con lo cual Viviana acuerda.

Ya que se está tratando de incentivar la solidaridad y la cooperación desde lo social instituido y desde el gobierno este vértice podría apuntar a ese aspecto tan fundamental en tiempos de la Pandemia. Sin "tapar" la carencia poder sostenerse ante el desamparo que nos inunda como señala Marta y amenaza con arrasar la subjetividad de todos y no sólo eso, sino también la presencia constante de la muerte.

Susana relata que la "agarró" la cuarentena en Buenos Aires teniendo en cuenta que ella trabaja en Mar del Plata también. Y que también ella experimentó con sorpresa de que le pagaron por adelantado su trabajo, apareciendo claros indicios del compromiso afectivo y solidario de los grupos con los que trabaja y de sus pacientes.

Se relata la famosa película de la analista de una niña y la manzana donde aparecen muchos supuestos "cambios" de encuadre que no diluyeron la fuerza terapéutica del trabajo analítico realizado por la terapeuta y su paciente.

Terminamos este encuentro con el aporte de Sarita trayéndonos una hermosa frase de Garma del romancero popular en relación a la Gratitud de la que estuvimos hablando respecto a poder aceptarla tambíen de nuestros pacientes cuando la demuestran :"Es de bien nacido ser agradecido".

Acta del día martes 21 de abril de 2020

En un segundo encuentro virtual continuamos trabajando con la importancia de tener presente la contratransferencia concordante de Racker, como dijo Catalina, para no quedar detenidos en el relato de lo que estamos viviendo aunque reconociendo la necesidad de contener las ansiedades referidas al mismo: conductas normales ante situaciones anormales.

Hilda habla de poder desplazarnos con cuidado en un camino estrecho donde, por un lado, se reconoce el miedo y por el otro, se intenta no caer en el pánico que también es muy contagioso. Se trata de enfrentar estos peligros con el desafío de pensar y sostener los vínculos, por ejemplo, en nuestros grupos de trabajo, en los seminarios y las clases que se siguen dando y con los pacientes que continuamos atendiendo.

Francisco trae a colación la gripe española que asoló Europa en 1918 y en la que Freud perdió a su hija y a su nieto. A su vez, empero, toda esta situación de caos abona nuevas formas de resistencia como dice Federico, donde muchos pacientes piden la receta por teléfono pero no piden la consulta. Hebe agrega que, en realidad, piden la "recetita" y como consecuencia la responsabilidad del profesional queda desvirtuada y genera malestar cuando el terapeuta siente que lo utilizan para obtener una receta y no pagar la consulta. Patricia habla de las nuevas resistencias y del cansancio que produce al final del día este tipo de interacción, que acrecienta ese mismo malestar.

Hilda, en tanto, recuerda a Freud, que siempre decía que la Libido tiene un límite, o a Bion, que hablaba de reponer los elementos alfa que sostienen los vínculos mediante los lazos amorosos, sociales, la cultura, el arte, etc. Nos encontramos en una situación en la que, justamente, es la relación con el otro lo más temido, y a su vez constituye la materia diaria del psicoanálisis y sus conflictivas. Es decir, de alguna manera ataca el núcleo mismo de nuestra tarea la prevención de la salud porque el otro puede ser portador de muerte y no de vida.

Alicia piensa que deberíamos incluir el sentido antitético de las palabras: se genera una inhibición en los encuentros que intensifica a límites insospechados las ansiedades paranoides. Así, piensa que el nivel de persecución imperante en la pandemia facilita la emergencia de modos de pensar y defensas primitivas. Es fácil regresar a un estado donde la palabra recobra su sentido antitético, como antaño: el médico puede ser salvador o destructor, Dios o Diablo. Se lo aplaude o se lo rechaza

A propósito de esta reflexión, Mirta plantea esa misma problemática en la tarea de los docentes que extrañan los encuentros con sus alumnos, o que sienten que pierden a algunos porque no todos pueden conectarse ni tienen los medios para hacerlo. Además están desbordados por las exigencias de la tecnología y la urgencia en su utilización cuando tampoco ellos estaban adecuadamente preparados.

Carlos sostiene que la tecnología no basta para la construcción de la subjetividad, donde es tan necesario el contacto humano desde los inicios de la vida hasta el final, podríamos agregar e las circunstancias que estamos viviendo donde no nos podemos despedir de aquellos que fallece.

A lo que Federico se pregunta si será una "pandemia de indiferencia parental" lo que llevo a los niños y adolescentes a estar hiperconectados en los últimos años, en que observamos el uso de celulares hasta en bebes muy pequeños como una forma de que se mantengan entretenidos y sin molestar a sus cuidadores.

Desde otra perspectiva, Marga comenta que la importancia de la presencia del analista es insustituible, aunque ello no invalida lo que estamos haciendo en cuarentena en tiempos de pandemia, que es atender por video-llamada por ejemplo. Relata su trabajo con un paciente que se quedó literalmente "varado" en el Caribe y que llorando le agradeció la posibilidad de comunicarse con ella de esa manera, porque se le hacía insoportable lo que estaba viviendo y las sesiones lo ayudaban a tolerar la incertidumbre.

Alicia destaca la diferencia entre "sometimiento" a la tecnología y su "utilización". Cuando existen brazos internos la adaptación a las circunstancias es flexible, trófica, en cambio, si estos faltan el vacío que se genera puede intentar llenarse mediante una sumisión a determinadas herramientas

Patricia lo reconoce como un recurso valido y prácticamente el único medio privilegiado no obstante los inconvenientes que puede acarrear y que es importante poder compartir con el grupo. Alicia acuerda con Patricia en que es una herramienta que nos ayuda en estos tiempos de pandemia, aunque la tecnología no sustituye la necesidad de la presencia del otro. Destaca la flexibilidad interna necesaria para discriminar el uso del sometimiento y/o la sumisión a la tecnología, ya que se puede pensar que la "pandemia" previa de la que hablaba Federico tendría que ver con otro virus, el virus del vacío, que ya veníamos observando e investigando en las patologías actuales.

En relación a esto último Carlos habla de los diferentes tipos de autismo y de patologías relacionadas donde se sostienen posicionamientos que llevan a la medicalización temprana y la etiquetación apresurada con diagnósticos definitivos. Hilda plantea que además hay una suerte de promoción velada en este tipo de patologías donde algunos padres enarbolan el orgullo de ser diferentes y que, más allá de rechazar la estigmatización, en muchos casos se vincula con la imposición de "modas" que la cultura impone.

En referencia a la "pandemia parental" Mirta habla de lo que metafóricamente se podría llamar una "pandemia social" ya que los chicos perdieron la calle para jugar, la plaza se ha vuelto peligrosa, los recreos en las escuelas son muy cortos y el tiempo de los chicos está invadido por exigencias excesivas de rendimiento en la escuela y fuera de ella, impidiéndose así los contactos entre ellos y con sus familias, lo que también ocasiona un deterioro en la subjetividad.

En relación a esto último Carlos se refiere a la importancia de subrayar la participación de los padres en la crianza, en contraposición a su reemplazo por la exacerbación del consumo. Apunta a los déficit parentales y sociales de los que estamos hablando, y Marga subraya la necesidad insoslayable del contacto y la presencia en la crianza, mas allá de que nos sirva o no la tecnología.

Como cierre, Hebe en relación a esto último se pregunta qué pasa con la distancia, los hijos que viven lejos, si no se deteriora la relación pese a los esfuerzos "virtuales". Mirta se pregunta por el impacto de esta situación a futuro.

Marta agrega el caso de una pareja joven en el exterior donde el joven tuvo una súbita conducta de retracción y se aisló de su mujer y de todo su grupo social refugiándose en una cabaña. Abre así el interrogante de cuántos "aislamientos" y otras problemáticas subjetivas se potenciaron a partir del confinamiento y que estaban ahí a la espera de que se le abrieran las puertas para manifestarse. La situación de encierro favorece la emergencia de síntomas que hasta ese momento estaban escondidos y las fronteras cerradas impiden el auxilio de los familiares, agravando aún más este tipo de presentaciones psicopatológicas.

Alicia acota que ella también se pregunta cómo van a ser los hijos de sus hijos criados en el exterior, teniendo en cuenta que sus hijos nacieron acá y llevan un modelo de crianza como si fueran brazos que sostienen, y cómo sería nacer allá, si esos brazos se extenderían y de qué manera.

Carlos se pregunta acerca de la tecnología y sus efectos y a su vez de lo imprescindible del contacto humano. Por otro lado Viviana se interroga acerca de la dependencia que puede generar la tecnología y sus consecuencias imprevisibles cuando se viene a reemplazar ese contacto con los otros como esta sucediendo ahora y los efectos que produce tanto en pacientes como en analistas.

Federico, dejando a Tanatos atrás, propone el predominio de Eros y elige la película "Fahrenheit 451" de la novela distópica de Ray Bradbury (1953). El protagonista del relato es un bombero llamado Montag que se cansa de su rol de censurar y quemar libros que estaban absolutamente prohibidos, y se une a un grupo de resistencia que se dedica a memorizar y compartir las mejores obras literarias del mundo. Con la cita el colega pretende ilustrar que en tiempos de persecución y crisis cultural que amenazan las estructuras de la salud física y mental, en medio del caos "pandemico", el psicoanálisis más que nunca necesita sostener su vocación de brújula hacia la estabilidad emocional y existencial del hombre y resistir al estilo de Montag.

En ese sentido, Hilda recuerda una frase de Bernard Noël (1997) tomada de La Castration mentale: "los descerebrados son ahora más rentables que los cadáveres porque son serviles y excelentes consumidores". Se trata de una relexión vinculada a la exacerbación del consumismo que se produce cuando se encuentra deteriorada la subjetividad y la posibilidad de generar afectos e intimidad mediante los vínculos y los lazos humanos que los acompañan.

Hilda incluye la novela 1984 de George Orwell que es también una novela de distopía cuya trama ocurre en Oceanía, un país dominado por un gobierno totalitario que mantiene en constante vigilancia a sus ciudadanos e, incluso, insiste en espiar sus pensamientos para mantener el orden: abre así el acuciante interrogante respecto del porvenir de una sociedad donde el contacto con los otros se vuelve atemorizante y peligroso.

Acta del día martes 28 de abril de 2020

Continuamos a partir de la lectura del Acta anterior y su final: la película "Farenheit 451" y el libro de George Orwell "1984". En la película, Federico prioriza el tema de los "hombres libros" que debían aprenderse de memoria los libros porque estaban prohibidos; y en el ejemplo de 1984, se lo presenta como modelo de una sociedad hiper-vigilada donde se limita totalmente la libertad de los individuos.

En esta novela, escrita en 1948 (es su agrama), con WInston, su protagonista, se ilustra la dicotomía entre la psiquis del individuo y la violencia que se ejerce con el sometimiento a los mandatos del gobierno totalitario. Será por esta razón que a Winston, escritor profesional, le resulta tan difícil encontrar su propia voz, que sólo puede expresar en su diario secreto. Marga agrega que también se puede ver desde otra perspectiva, más enfocada en la sociopolítica, en otro libro de Orwell, Rebelión en la granja.

Con respecto a la cita de Bernard Noêl que hizo Hilda, Carlos sugiere que desde nuestra perspectiva en lugar de descerebrados hablaríamos de des-subjetivizados porque es una palabra que representa con más claridad lo que nos preocupa respecto de la sociedad en general y en lo particular con nuestra tarea y con nuestros pacientes, en especial en las particulares circunstancias que estamos viviendo.

Alicia interviene diciendo que los miedos actuales también reavivan vivencias de interacciones tempranas de desamparo y orfandad, donde están presentes las series complementarias. Trae como ejemplo una paciente de 40 años que había comido algo en mal estado y empezó a tener síntomas similares a los del virus Covid 19. Pensaba que se iba a morir sola hasta el extremo de volver a tener ataques de pánico. La terapeuta lo pudo trabajar desde la óptica de la propia historia de la paciente que había nacido prematura y tuvo que permanecer en una incubadora por dos meses en la época en que no se permitía la presencia de la madre, lo que se pudo ir eslabonando desde la amplitud que confiere la mirada psicoanalítica, con una serie de temores y fantasías que asolaban a la paciente desde muy pequeña respecto al abandono y la soledad concomitante.

Sarita nos relata que una paciente de 89 años que sobrevivió al Holocausto, lo que estamos viviendo le evoca sus experiencias traumáticas de la segunda guerra mundial en la que salvo su vida gracias a que su madre la dejó en un convento de monjas donde fue criada. Todas estas vivencias de abandono que constituyeron al mismo tiempo su supervivencia la llevaron a expresarlo y, podríamos agregar, a sobrevivir a través de cuentos y relatos en su oficio de escritora, o sea que pudo canalizarlas mediante su creatividad ligándolas a la vida.

Catalina continúa diciendo que todo hecho disruptivo va a apuntar a la inermidad inicial ante el miedo que provoca algo que no se ve pero que amenaza la vitalidad humana toda. De ahí la importancia del psicoanálisis para poder ponerle un nombre a lo que sería a la manera de Bion, un "terror sin nombre", poder nominar esos miedos, como una forma de elaboración de lo desconocido que amenaza.

Sarita agrega que también la solidaridad instituye la posibilidad de poder compartir con los demás, tal como venimos haciendo en el Departamento, y así transmitir en el intercambio un sentimiento de protección.

En esa dirección, Hebe relata la experiencia de volver a encontrarse con compañeros y amigos de épocas pasadas, lo que Patricia vincula con la importancia de recuperar franjas de la historia personal que refuerzan la identidad de cada uno en situaciones de tanta vulnerabilidad como la que experimentamos en este momento.

Mirta trae el ejemplo de una mamá que vivía con su hija de dos años que no podía dormir y la despertaba durante la noche. Ninguna lograba conciliar el sueño y se crearon situaciones de intolerancia cercanas a la violencia. Al dejar de trabajar la mamá en esta Pandemia, se pudo mediante la terapia on-line ayudarla a reconectarse con su hija. También se vio la necesidad de establecer una simbiosis normal, que había quedado trunca por distintas razones, y lograr así un sueño apacible y reparador, además, del vínculo entre las dos.

Beatriz nos dice que todo conflicto o trauma presente va a reactivar siempre los traumas del pasado, pero a esto se le suma que estamos en un trauma global donde es importante tener en cuenta la solidaridad de la que hablamos y que enfatizan también los medios de comunicación. Darse cuenta de que el otro también está sufriendo es parte de nuestro trabajo diario y transmitirlo a los pacientes es sumamente importante e imprescindible en este momento, ya que algunas configuraciones psicopatológicas socialmente aceptadas desconocen que el otro existe.

Francisco (Pancho) nos remite a la metáfora que encierran los aplausos en los balcones, donde por un lado aparece el agradecimiento pero donde también está presente el rechazo al personal sanitario. En muchos edificios les prohibieron la entrada a sus propias casas, luego de horas de atender a una población acosada por el virus, reavivándose de este modo conductas de violencia y persecución inenarrables.

Por otro lado agrega que tuvo pacientes que no aceptaron el cambio de encuadre. Al respecto trajo el ejemplo de una paciente huérfana desde pequeña, a causa de un aborto al que se sometió la madre y quien fue criada por su tía. En ese caso, el hecho de no poder ver a su analista en modo presencial se entendió como una resignificación de la pérdida sufrida y los sentimientos de abandono consecuentes, que la habían acompañado toda su vida.

Susana relata otros casos, por ejemplo, niños con padres separados que en esta cuarentena se quedaron con uno de los padres, y a veces no querían volver con el otro progenitor, lo cual condujo al develamiento de posibles conductas de abuso y/o violencia que de otra forma no hubieran sido tan fácilmente descubiertas.

Carlos considera que tanto en épocas de crisis como en la guerra se puede ver lo erótico y lo tanático en la constitución del individuo que emergen con distintos ropajes y disfraces, como puede apreciarse en los ejemplos presentados y en los que atendemos a diario, además de ciertas noticias que aparecen en los medios.

Sarita piensa que no podemos dejar de tener en cuenta que también muchos pacientes se sintieron muy beneficiados por la cuarentena en lo que respecta a la forma de trabajar. Relata el caso de un paciente que descubrió los beneficios de trabajar "home-office", desde su casa porque vive muy lejos de su lugar de trabajo y se cansa mucho con los traslados, por ejemplo.

Hilda aporta la opinión del Dr. Eduardo Raúl Ramos, un reconocido pediatra de San Luis, que le manifestó que a pesar del dolor que a todos nos involucra, su experiencia con los bebes que le llevan a la consulta fue de una tremenda sorpresa. Se encontró con bebes que prácticamente no se enferman, solo consultan por sus controles y vacunas, mientras que a los padres se los ve más atentos a las necesidades de los hijos. Destaca que al estar cerradas las guarderías y los padres trabajar por home office están mucho más tiempo con ellos y en sus ratos libres los estimulan mucho. Por lo tanto pudo observar que levantan la cabeza antes de lo esperado, y también se sientan, gatean y caminan y se mueven por el consultorio con soltura y confianza.

Se encuentra a diario con bebes robustos y activos, y agrega que los padres, al no proveerles comida "en frasquitos", les cocinan sus alimentos, con los beneficios que eso trae para su salud física y mental. Que sobre todo los ve conectados, pero no a las computadoras, sino a sus padres. Los padres de estos bebés ya no son como desconocidos para ellos, como sucedía en algunos casos extremos en que estaban ausentes físicamente pero también psíquicamente, con la desconexión que conlleva la falta de interacción familiar y las presiones del entorno.

Alicia sugiere que con los pacientes que por diversas razones no aceptan la terapia on-line, es conveniente enviarles WhatsApp. Sobre todo audios, porque tendría que ver con la importancia de lo que llamamos baño sonoro que hace las veces de círculo benigno protector ante las ansiedades que puede traer la desconexión con el terapeuta por mucho tiempo.

Catalina destaca la importancia de escribir e invitar a escribir las experiencias de trabajar en cuarentena en épocas de Pandemia, porque el encuentro con éstas nos permite reinscribirnos en una genealogía que habilita la re-historización y el reforzamiento de nuestros recursos yoicos ante la incertidumbre de lo desconocido y la inestabilidad reinante con respecto al presente y al futuro.

Margarita por su parte relata la experiencia de una consulta por un niño de 8 años que estaba preocupado por su cumpleaños ya que debido a que no tuvo prácticamente días de clase, no pudo tener los teléfonos de sus compañeros para poder festejarlo. Trabajó on-line con sus padres y el grupo familiar también para poder ayudarlos a sortear estos obstáculos que angustiaban tanto al pequeño.

Hilda considera que este último ejemplo invita a pensar acerca de la muerte, que está cada día en la "mesa" de todos, acompañándonos con su siniestra actualidad a través de los medios de comunicación que nos traen minuto a minuto el número de casos, de infectados, de muertos y recuperados del corona virus, que constituye una especie de telón de fondo vinculado a la finitud de la vida siempre presente.

Queda expresada de otra manera por esa crisis de llanto de un niño, como si se preguntara si es que ya no se puede celebrar la vida, si no hay espacio para cumplir años, algo que para un niño de esa edad tendría que ver con festejar su crecimiento y sus sueños de futuro.

Hilda trae un relato dramático que aportó Patricia Morandini Roth desde Madrid acerca de una consulta online por un parto por cesárea de una mujer infectada por Covid-19 el último mes de su embarazo. Además, a la mujer la habían separado de su hijo el primer día para hacerle exámenes. Dado que existían hipótesis sobre el contagio por vía vaginal se había indicado la cesárea, y para limitar el contacto con los fluidos de la madre, también la lactancia materna estaba contraindicada. La madre le contó que ese mismo día, a la noche observó que el bebé estaba "demasiado tranquilo en comparación a su hermano cuando nació".

Hilda se pregunta sobre la perplejidad que producen este tipo situaciones que atentan contra el vínculo emocional madre-bebe, donde se cuida la vida física pero no la vida psíquica, como si ambas fuesen incompatibles. Como también sucede con los efectos del confinamiento en cuadros psicopatológicos severos que llevan a desbordes imposibles de contener, así como el incremento de adicciones, femicidios, y abusos sexuales. Por todo lo expuesto la posibilidad de la terapia on-line propicia que se puedan construir espacios de intercambio pasibles de ser sostenidos, del mismo modo que se sostienen las reuniones de trabajo que permiten hacer como un pasaje de la intimidación a la intimidad. Es decir, de la intimidación que provocan los hechos como los expuestos, que todos vivimos en nuestra tarea cotidiana, a la intimidad de espacios terapéuticos, de reflexión y de trabajo compartido como al que nos convocamos todas las semanas.

Surge el cuestionamiento respecto a lo virtual donde Federico observa que es importante como se enfoca la realidad y presencia de lo virtual en este momento de nuestro trabajo ya que permite franquear múltiples fronteras y representa para el ser humano un avance tecnológico impresionante con múltiples facetas.

Hilda agrega que sabemos que la realidad virtual es usada habitualmente como un híbrido de entretenimiento, escape y adicción pero también como analistas la estamos usando para navegar a través de las peligrosas complejidades del siglo XXI como un nuevo laboratorio del espíritu como decía Rheingold, H.(1994), ("Matrix").

En la búsqueda renovada como dice Francisco de nuestra voz como analistas en las particulares circunstancias que estamos tramitando nuestra asistencia a los pacientes, esa comunicación mediante la virtualidad de una pantalla se esta transformando en una presencia cada vez más requerida en la convulsionada sociedad global que vivimos.

Como nos transmitió Monica Toscano desde Roma:

"Si nombramos pandemia como irrupción intempestiva de pulsión de muerte, arrastrando todo lo que encuentra en su camino, podemos denominar el trabajo de todo este equipo de profesionales, como dinámico constructor de pulsión de vida. En el recorrido que nos proponen vislumbramos desde la imposibilidad hacia la posibilidad, una luz al final del túnel."

Podemos concluir que más allá de toda Pandemia podamos defender nuestra capacidad de amar, de trabajar y de proclamar la esperanza en un mañana distinto donde nos podamos encontrar y aprender de esta dolorosa experiencia de aflicción y duelo que hay que sostener la vida por sobre todas las fuerzas que asolan sin descanso nuestra humanidad.

...agradecemos a todos los que nos acompañaron y acompañan en este intento porque como dijo uno de nuestros pioneros Angel Garma,
"Es de bien nacido ser agradecido"

De izquierda a derecha:
Hebe Abrines, Catalina Martino, Francisco Guerrini, Viviana Kalmanowiecki, Patrícia Morandini Roth, Margarita Szlak , Marta Lago (en el piso), Hilda Catz, Alícia Szapú de Altman, Patrícia Chavero, Federico Bianchi, Carlos Tewel

www.ingramcontent.com/pod-product-compliance
Lightning Source LLC
Chambersburg PA
CBHW080851250726
48663CB00004B/426